排除社会の現場と暴対法の行方

シリーズ　おかしいぞ！暴力団対策③

緊急報告　暴対法改定案が参議院を通過

「犯罪集団に憲法は適用されない？」

――さらなる規制強化への一歩となるか

二度にわたる院内集会における国会議員や弁護士、作家らによる多くのアピールにもかかわらず、六月二〇日に暴対法の改定案が参議院本会議を通過した。法案は参議院で先議され七月二〇日に衆議院内閣委員会において全会一致で可決された。

参議院内閣委員会においては、六月一九日、二〇日の二日間にわたって参考人招致による質疑がおこなわれた（詳細は「資料編」参照）。

参議院においては反対者が出たものの、衆議院内閣委員会においては全会一致で可決されている。ただし、両院ともその採決に際しては「職権を運用するに当たっては、恣意的にならないよう十分留意すること」等を盛り込んだ付帯決議案が全会一致で採決され、参議院本会議でも了承されている。

法案はその日のうちに参議院本会議で採決に付された。

議員数	二三三
賛成	二二八
反対	五

改定暴対法、成立へ

——空洞化する国家と権力

宮崎 学

五票の反対票の重み

二〇一一年一月から始まった第百八〇回国会審議は、政局の関係で遅れに遅れた。

暴対法改定案についても、当初の見通しでは五月の連休明けには成立するものと見られていた。だが実際には、六月二〇日にようやく参議院先議により参議院内閣委員会の審議と採決を経て、本会議での採決が行われたのである。

私は、その前日の一九日から二〇日にかけて行われた参議院内閣委員会の暴対法改定法案の審議の一部始終を傍聴した。法案成立は予測してはいたが、暴力団排除を推進したい内閣委員や参考人らの言葉には、いかんともしがたい「軽さ」が目立った。ここでは、私が傍聴した法案成立の過程と国会の状況について記しておきたい。

七月二〇日には、法案が衆議院内閣委員会で可決された。衆議院本会議での改定法案成立も時間の問題であろう。

参院での審議では、今回の改定案の内容に加え、暴力団の非合法化や「新たな捜査手法」としての司法取引、囮捜査、盗聴の規制緩和の必要性をことさら強調する「意識的」な意見が続出した。中でも警察庁のキャリア官僚出身の松村龍二委員（自民党・たちあがれ日本・無所属の会）は、自身が勤務していた昭和三〇年代のヤクザ抗争と現在を比較、五十年も前の話をしながら「暴力団の非合法化」と「新たな捜査手法」の早期実施を無内容な軽さで強調していた。

まずは増加の一途を辿る警察の不祥事への対策が論じられるべきであったのに、それについては、松村は長崎ストーカー事件などに少しふれるにとどまり、世間を騒がせているエロ不祥事増加への言及や反省などはまったくなかった。これには、怒りを通り越して人としての哀れささえ感じた。

さらに、今までは「仁俠団体」の存在を肯定し、暴排条例施行を批判していた小林節教授（慶應義塾大学）が意見を百八〇度翻して「仁俠団体とは江戸時代までの話。現在の暴力団は、仁俠団体ではなく犯罪集団となっている。憲法上での人権は保障されない」と発言したことには驚きを禁じ得なかった。

また、衆議院の内閣委員会には、同じく警察官僚出身の平沢勝栄がおり、参議院で既に可決しているのだから実質的な審議をさせない方向にリードしていくと考えられる。

なお、将来的国会の流れとしては、「暴力団の非合法化」や「新たな捜査手法」の実施は、避けられないと考えている。ただし正面から憲法を改定し、結社の自由を否定することには相当な反発が予想され、この問題に関連した憲法の改定は事実上不可能であろう。それよりも、金融や不動産取引などあらゆるビジネスの契約に暴力団排除条項を盛り込むことで、産業界の自主規制としての事実上の結社の自由の否定が既に進んでいることも強調しておきたい。

　また、「新たな捜査手法」に関しては、日弁連や一部の国会議員などが提唱する「取り調べの可視化」要求との駆け引きの問題がある。弁護士らが可視化を要求すればするほど、政府側は司法取引等とのバーターを強調しているとも聞いている。すなわち「可視化」を骨抜きにした上に焼け太りを狙うということなのだが、この国の伝統的な官僚の手法である。

　なおかつ弁護士の中には「暴力団に対してなら取り調べを厳しくしてもよい」という声も一定程度あることから、これを理由に取り調べの全面可視化の流れに歯止めをかけようとしているということもある。一二年二月に発表された「捜査手法、取調べの高度化を図るための研究会」（座長・前田雅英首都大学東京教授）の最終報告においても司法取引や刑事免責について「慎重な議論」を求めてはいるものの「可視化の為には必要」というアリバイの補足を作ろうとしているようにも見える。いずれにしろすべてが過剰な「排除」への流れであり、排除が進み続けるのだ。私は、その先にある社会の姿のおぞましさを拒否するものである。

　だが、その一方で、本会議での採決には五票の反対票があったことは注目に値する。九二年の暴対法施行の際は衆議院で数分の審議が行われたのみで、両院で全会一致で可決されたことを考えれば、前進と言えるだろう。無所属の糸数慶子議員の丁寧な質問や、党として反対を表明した社民党、集会などでアピールを続けた労組や弁護士、表現者の仲間たちの奮闘には敬意を表したい。

民主党の分裂と深まる官僚依存

閣僚の問責決議や原発の再稼動問題、そして強引な消費税の三党合意に加え、小沢グループの離党などで国会は長く混乱状態が続いている。三党合意という新たな翼賛体制の成立と、それを支え、誘導する官僚群という「体制」が姿を現した。二〇一二年反原発デモに多くの若者が集まったのは、こうした閉塞した政治への不満も背景にあるのだろう。

一二年七月二日、小沢グループのメンバーが衆議院四十名、参院十二名の計五二名の離党届を提出、民主党の分裂が決定的となった。これは九三年の民主党結党以来の大規模な分裂である。

その後、離党を撤回する議員が出るなど若干の変更はあったが、衆議院（定数四八〇議席）では、小沢グループの存在感は弱そうだ。四〇名が離党しても内閣不信任案を可決できる五五名には届かず、民主党勢力は半数の二四〇を超える二四九議席を残した。一方で、参議院会派は一二名の離党で九二名となり、第二会派の自民党（八六）と六名の差しかない。海外メディアは「野田政権の崩壊危機」を報じたが、首相周辺は「邪魔者（＝小沢）がいなくなり、かえってすっきり。これからは自公と連携していく」と、むしろ安堵しているようだ。この「すっきりした」という感性は、党内の党派闘争だけを主たる政治理念とする「松下政経塾」的思想であり、党内党派闘争の時だけ「目が炎になって燃える」という、日本の伝統的な古き悪しき党派性の表れである。

一方で野田首相は、小沢の離党を食い止められなかった輿石東民主党幹事長に不満を示して不仲が伝えられるなど、政局の底流の混乱は今も続いている。

小沢に対しては、私は個人的な感想は何もないが、「党」というものに対する小沢の乾いた感性には興味がある。政治と検察、警察の関係を総括するなら、小沢新党は論理的帰着として「暴対法・警察権力肥大化に反対」を掲げるべきであると考えている。

日本の「保守」を自称する人たちは、「現在の日本政治の混迷はすべて官僚とアメリカの謀略」と指摘するが、日本の官僚へのアメリカの影響力のあり方＝構造についてのきめ細かい検証が、これからは求められることとなるだろう。

過去にも日中国交回復に尽力した田中角栄、ロシアやアフリカと友好な関係にある鈴木宗男など、「親米派」以外の主だった政治家たちはみな官僚の意向を受けて特捜検察の捜査を受け、政治の中心から撤退を余儀なくされた。彼らが検察、警察とそれの目下の同盟軍であるマスメディアのスキャンダル攻撃を受けてきた歴史は記憶に新しい。

良し悪しは別として、自民党は伝統的に官僚との距離感維持は卒なくこなしてきた。角栄や宗男らもかつてはバランスを保ちながら権力を誇っていた。特に自民党が政権を担っていた時代は、いわゆる族議員が各省庁の官僚と駆け引きをしながら友好という名の利権的共同体な関係を築いていたのである。だが、民主党は政権交代直後からできもしない公約をもてあまし、そこに東日本大震災が発生して政治的にも迷走が続くなど、すべてにおいて稚拙さが目立った。

明らかに能力がなく、権力行使の経験もない民主党の松下政経塾的な志向の政治家を国際情勢の危機感を持った官僚が籠絡した結果が、現在の野田政権の姿なのである。

そして、この政権の柱は消費税増税と原発再稼働、それを下支えする警察権力の肥大化を容認した暴対法の改定なのだ。すなわちアメリカの国力の後退とヨーロッパ経済危機の深刻化、中国やインドなどの新興国の経済力の伸長を前に、旧型の日米関係からの脱皮過程の中で、その出口を日本のエスタブリッシュメント（支配層）は警察権力の肥大化を求めているのだ。

これに対して、田中角栄の下で修行し、自民党時代から才能を評価されていた小沢は、官僚にとっては扱いにくい存在である。そこに陸山会問題などで潰しにかかる〝神の見えざる手〟があった。

余談になるが、小沢新党への官僚の態度は「様子見」というところだろうが、これまでと決定的に違うのは、インターネットの破壊力だろう。大手メディアがいかに小沢をバッシングしようと、ツイッターやフェイスブックなどのネットメディアでは「反増税・脱原発」を掲げる小沢の人気は上々だ。地上波でなくインターネットテレビの生放送にだけ出演するという小沢の方針も評価されている。しょせん浮動票されど浮動票、である。今後の選挙も、一方的な小沢の大敗とはならない可能性は高い。

日本の空洞化は止められない

この間の政治家たちの動きについても見ておく必要がある。

私は、一一年秋に暴対法改定案が浮上した際に、まず民主党内の弁護士出身の同世代の議員たちを中心に対策を話し合った。同世代であれば多少なりとも共通の問題意識があり、法律の知識もあるから頼りになると思ったのだ。

だが、それは間違いだった。

最初は「証拠もないのに『推認』だけで危険な組織と指定してしまうとは危険だ。反対しましょう」と言っていたのに、一二年二月末に閣議決定された途端に「党議拘束なので、反対には加われない」と言ってきた。暴対法や暴排条例に問題があることは認めながら、党議拘束を無批判に受け止め、一切動こうとしなくなった。

弁護士出身者以外の国会議員にもたくさん会って話をしたが、ほとんどの議員は自分の意見を持っていなかった。想定内ではあったが、やはり落胆した。もちろん私の話を熱心に聞いてくれる議員も皆無ではなかったが、それでも行動するとなると、「支援者から『暴力団を庇うのか』と言われると、弁解から始めなくてはいけないので……」と言葉を濁した。情けないことだが、これが民主党の政治家の実態である。

そもそも民主党には綱領がなく、党内でのさまざまな問題が議論されることもない。それは、松下政経塾出身者に象徴される「優等生」の議員らには政治理念がないからだ。政党を選挙互助会としてしか見ていない。現在の民主党政治とは、理論も覚悟もなき政治である。それは政治ではない。

このような政治家であるから、官僚も操りやすかったのだろう。政権交代直後こそ「脱・官僚」を掲げていたが、今やすっかり官僚に取り込まれているのは、このためである。

特に、警察庁の官僚たちは官僚としては「小物」と言われてきたものの、暴対法改定案を審議する両院の内閣委員会に警察官僚出身者を配置するなど、官僚らしい根回しや権謀術数にはたけている。参議院内閣委員会の審議を見ていても、それがよくわかった。これも余談ではあるが、野田が日々「政治生命を賭けて……」と連呼しているのを見ると、「生命」もずいぶんと軽くなったものだと思う。信念のためなら落選してもいいと思うくらいの政治家は、もはや絶滅危惧品種となっている。

まさに国会の状況は絶望的なのだが、そんな状況でも「暴力団を庇うのか」という批判を承知の上で国会で質問をした糸数議員、質問主意書を提出した又市征治議員ほか社民党議員、そして亀井静香議員（無所属）などは信念を貫いていると思う。

本号での亀井静香議員との対談（24ページ）で、亀井は暴対法の慎重審議を「当たり前にやるべきこと」とし、「それを主張したことで選挙に落ちるなら、落ちればいい」というくらいの覚悟で臨むべきだと話した。亀井自身、死刑廃止議連の会長を長年務めていることにいい顔をしない後援者たちに「俺のライフワークだ」と断言するなど、スジを通し続けている。

日本の議会政治も政党政治が前提である以上、政党に所属している方が自然な議員のあり方だが、理念なき依存は「選挙互助会」でしかなく、それは政党政治の自殺現象である。

本来の政党政治とは、何なのか。今回の小沢離党問題を機に、すべての政治家に改めて考えてほしい。しかし、このような政党政治主義への回帰は損得の計算でいえば時には損をする方に身を置くという「人」としての覚悟が希薄になって来た。これは、立法府だけでなく行政府も司法も実業界でも同様である。

ここに日本の権力の幼稚化、低レベル化とは、つまり空洞化の根っこがある。もはや止めることができないところまで来てしまった。

（敬称一部略）

【1】本当は政治家も警察幹部も「暴対法はおかしい」と思っています

亀井静香氏（衆議院議員）インタビュー

聞き手・宮崎学

二〇一二年五月二一日　亀井静香事務所にて

「党議拘束なんか蹴飛ばせば」（亀井）

宮崎　本日は、暴対法についてお聞きしたいのですが、まず、本日現在でまったく暴対法改定案は国会で審議されておりません。

政府の思惑としては、国会が始まってすぐに閣議決定して成立ということだったと思いますが、政局などもあって、まだ決まっていないところへ社民党が党として暴対法改定法案に反対するという流れが出てきました。
亀井　おそらくほとんどの政治家は、暴対法について問題があると思っていますよ。でも、なかなか表立っては言えないんです。
宮崎　やはり「暴力団を庇うのか」と言われてしまうと……。
亀井　ええ、死刑廃止もそうなんですけども、やはり議員の場合は票に影響しますからね。私は死刑廃止議連（死刑廃止を推進する議員連盟）の会長をやっていますが、「せめて会長だけは辞めてくれ」って今でも言われますよ（苦笑）。
「何を今さら言ってるんだ、（死刑廃止は）俺のライフワークだ」って言ってますけどね。
消費税も同じで、やはり「世論に抵抗してまでやろう」という政治家はほとんどいません。誰が考えてもおかしいと思っていることでも、それを声を大にしてはよう言わないんですね。ましてや党となると、組織の問題になりますから、それを取り上げるということはなかなかできません。
宮崎　おっしゃるとおりですね。民主党の弁護士出身議員も声を上げようとはしません。私と同世代あるいはちょっと年下の議員ならみんな学生運動をやっていましたから、暴対法改定案が出てきた時に「彼らなら法律を勉強しているんだし、学生時代の気持ちもあるから、説得できるだろう」と思ったんです。
それで、会って話をした時には「これはひどい法律だ」「反対しよう」と言ってくれていたのに、二月二八日に党が閣議決定した瞬間に態度が変わってしまって……。「いやぁ党の縛りがあるから」とかなんとか（苦笑）。ひどいものです。自分の理念と現実の政治行動が論理分解しているという、何

か変な形になっているんです

亀井　党議拘束なんか、蹴飛ばせばいいんですよ（笑）。

宮崎　本来はそうでしょうね（笑）。でも、そうもいきませんよ。思えば二〇年前に暴対法案が出てきたときに、先頭になって反対した弁護士も今は民主党の議員でした。反対してくれると思っていたのに、「それはちょっと出来かねる」というような話になりまして。現実の政治家というのは、私の考える「政治家」と腹の括り方が全然違うんだなと思い知らされました。

亀井　宮崎先生は、政治家を誤解されてますね（笑）。

宮崎　そうかもしれないですね（笑）。ただ、やはり亀井先生がおっしゃったように、国民世論的にいえば「暴力団をやっつけるのに何が悪いんだ。お前たちは暴力団を庇いだてするのか」と言われることは目に見えていますので、非常に政治家としてはやりづらいだろうとは思っておったんですね。

でも、亀井先生たちのご尽力で、「暴力団排除等のための部外への情報提供について」とする警察庁刑事局組織犯罪対策部長名の通達（平成二三年一二月二二日付け）も公式サイトに掲載されました。

「警察官は生命を賭けているか」（亀井）

亀井　今の警察庁幹部は、暴対法の問題もわかっているのですが、急に方針を変えるわけにもいきませんからね。

宮崎　安藤（隆春）前長官時代は、やはりちょっとやり過ぎだったというところがあるんじゃないですか。

亀井　ちょっとどころじゃないというかね（苦笑）。私は、安藤前長官を原発事故の時に怒鳴りつけたことがあるんです。高圧放水車を持っている警視庁の機動隊が（福島第一原子力発電所の）三号機に対してこれを使って冷却作業を行う時に、前長官が「隊員の安全が確保されることが何よりも不可欠だ」と言った【註1】のを見て、怒り心頭に達しましてね。まず官邸に電話をかけたんです。「総理、何やっているんだ」と。

「勘違いしてはいかん。警察官と自衛官は、任務遂行のためには命を捧げるという前提になっているんだ。警察官や自衛官を使う基本的な心構えが間違っている。あさま山荘事件【註2】の時は、私の目の前で警察官が射殺されたんだ、とね。

菅さんも、「私もそう思います。亀井さんも言って下さい」と言うから、安藤長官に電話をかけて、「任務遂行のためには命を捧げるというのが警察の立ち場でしょう。そういう前提で、あなたは非常事態では部下を使わなきゃいかん」と言ったんです。まあ、私がいくら言っても彼はダメだったんだけれども。

宮崎　安藤さんは、そんな感じがしますね。亀井先生は、あさま山荘事件の頃は警察庁警備局の極左事件に関する初代統括責任者となられ、この事件のほか成田空港事件や日本赤軍テルアビブ空港事件等を陣頭指揮されました。

亀井　はい。そういう経験もありましてね。暴力団排除も同じだと思うんです。暴力団の違法行為を徹底して取り締まるのは当たり前なんです。それに市民が協力するということもまた当たり前。だけど、今の暴排条例等は警察官が自ら命を捧げて努力して暴力団を排除しない代わりに市民に犠牲を強いている。おかしいですよね。

法案をチェックできない政治家が問題（宮崎、亀井）

亀井　それに、いわゆる暴力団員もそれぞれ社会生活を営んでいて、付き合いもあるでしょう。本人はともかくその家族や友人の人権が守られないというのは問題です。

宮崎　条例はそういう主旨です。

亀井　ですから、安藤長官に「それは間違っていると思わないか?」と聞いたのです。暴力団員の家族や友人に「暴力団の関係者」というレッテルを警察が勝手に貼ることで、金融機関で口座を作れなかったり、取引を解除されることがあるのは問題じゃなかと。

警察庁は、それをふまえて指導のための通達を出したんです。私は良かったと思っているんですけどね。

宮崎　私も大いに意味があると思いました。

亀井　今の警察幹部は基本的な問題意識として、私と同じ意識を持っているんですよね。だけどいったん（暴対法改定案を）出した以上、引っ込めるわけにはいかないから。お役人の辛さと言ったらおかしいけど……。

宮崎　そんなものなんでしょうか……。

亀井　私も幹部連中と話をしていて分かったのは、幸いなことに幹部は私と同じ認識を持っているんですよ。だから、何らかの形で法案を修正するとかね。

宮崎　警察官僚からは言えないでしょうね。

亀井　言えないけれども、それはやはり政治家がやらねばならないことなのです。法律については、まず役人が立案する時には間違えないようにしなくてはならないのですが、立案後はやはり政治がチェックしなければいけないんです。

政治家が相当修正したとしても、今の警察庁は「けしからん」ということにはならないと思います。暴力団を排除するということではなくて、国民の基本的人権の尊重という視点から見れば、「この法律をこのままにしておいていいのか」という問題意識があるんです。隠し持っているというか。だから、問題は政党と政治家が、それをできないこと。残念な状況ですね。警察庁が引っ込めてくれればいいんだけど、そうはいきません。本当に困った話なんです。

「最近は行き過ぎが多い」（亀井）

亀井　それから、信仰の自由の問題もありますよね。私はこれも指摘したんです。これは暴力団員そのものに基本的人権があるということを警察は真剣に考えなくてはなりません。

たとえば暴力団員に法要をした坊主にお咎めがあって、それ以降は法要ができなくなりました。警察が宗教団体に対して指導や要請をするのをおかしいと思わないのでしょうか。本当は、皆おかしいと思っているんです。神社の灯籠の問題もありましたね。ヤクザが寄進するのはけしからん。撤去させろということでした。詳しくは聞いていないけど、最終的には撤去はされていないんですよね？

宮崎　はい。灯籠はあるんですが、寄進したヤクザの名前を削って、通る人には見えない側に彫り直させたそうですね。神主は相当抵抗したと聞いています。

亀井　組の名前を彫るような示威行為はダメですが、個人なら問題ないでしょう。ただ、現実問題として、こうしたことをおかしいと思う幹部が動くかどうかなんです。

常識はある人たちなんですが、彼らが暴力団に対する規制について、適切な基本的人権を侵害することのないような運用のために指導できるかどうかは、わからないところがあります。

宮崎　通達は、手続きについてかなり厳格に求めていますね。たとえば「宮崎学が反社会的勢力なのかどうかを調べてほしい」と警察に市民が言ってきた場合、調べるには上司の許可、署で言えば署長の許可まで必要としています。市民も、この情報は目的以外には使わない、漏洩しないと一筆書かされるんです。

亀井　最近は行き過ぎじゃないかと、私も厳しく言いましたからね。条例の場合は全国で違いますし、なかなか末端まで行き届いているかどうかはかわかりませんけれども、相当厳しくやってもらっているはずです。

宮崎　そういう印象はありますね。それから生活そのものに関わってくるのは、やはり金融機関の口座問題ですね。口座が開設できないと、子どもの学費の支払いや年老いた親への仕送りもできませんから。

亀井　そんな馬鹿なことはないですよね。
宮崎　現実に今起こっているわけです。
亀井　けしからんね。事例が多すぎて、私も把握しきれないけれども、そういうことはもっと問題にしなくてはなりませんね。そういう市民として生活している分野にまで踏み込んでいることは絶対間違いです。私も（警察幹部に）注意はしているのですが……今までそういう行き過ぎがあったということは彼らも認めているんです。

「民主主義は両刃の剣」（宮崎）

宮崎　今（五月末現在）は国会がまったく審議されていない状態ですが、暴対法改定案が審議に入ったら一般人の聴聞をやってほしいと思っています。
亀井　聴聞は議員が請求すればいいんです。やはり議員が動いていない、と。
宮崎　そうですね。
亀井　当たり前にやるべきことなのにね。「それで選挙で落ちるなら、落ちればいい」ぐらいの覚悟でやるべきなんですよ。
宮崎　そういえば、先生も郵政民営化に反対して、（〇五年の）郵政選挙で刺客を差し向けられましたからね。ホリエモン（堀江貴文ライブドア元社長）が選挙区の広島まで出張って来て……。
亀井　日本という国は民主主義国家で、ある程度は市民の意識も成熟している面もありますけどね、そういうダメなところもあります。

宮崎　民主主義というのは、両刃の剣みたいなところがありますからね。

亀井　それに、今は司法が狂ってますしね。容易ではないですよ。だから、「今日本で起きている問題を糺して行かなくてはいけない」というのは、勝者の奢りであって、そういうことを考える人たちが新自由主義を扇動しているでしょ。そういう中で、社会全体、もっと言うと道徳まで影響を受けてきています。本当に深刻な話なんですよ。

これは経済政策など個別の問題ではなくて、やはり人間を大事にする政治をしなくてはダメなんです。結局は政治の問題でね、力学をどう構築していくかということです。

「市民におんぶはダメ」（亀井）

宮崎　九二年に暴対法が施行されて二〇年経ちました。そこで、改めてお聞きしたいのですが、暴対法とは警察官僚にとって、どういう法律だったのでしょうか。

亀井　私はそれほど立ち入った判断ができるほどコミットしていたわけでもありませんが、「暴力団を封じ込めるための一つの手段」と思ってやったんでしょう。手段としての法律も大事ですよ。だけど、暴力については刑法など既に法律はいろいろあるわけです。それを「暴力団には、一般市民に適用する法律とは別に特別な法律が必要だ」というのであれば、暴力団の実態に根ざしたそれなりの工夫が必要です。

今の暴力団は、たとえば広域化や寡占化など進み、どんどん変化しています。それに対して警察の組織や執行力、権限はついていけているのかどうか問題があるんです。警察の組織は昔と同じで、都道府県警ごとに権限が分断されていて、組織も今までどおりです。そういうことを抜きにして、法律だけは取り締まりに都合のいいようにしようとしてやっても、ダメなんですよ。

それで、暴排条例も含めて今は市民におんぶしちゃっています。市民にとって不都合なことは、警察に代わって市民が勝手に排除しろと。市民が暴力団を爪弾きして、さらにガス室に入れてくれるようなことを他力本願とまでは言わないけど、そういう形で警察が自ら努力すべきところを肩代わりさせているんですよ。

そういう面で、私は今の幹部に「自らの捜査能力を高めるということを徹底的にやるべきだ。お互いの組織改正あるいは法律改正の執行力強化などをしないで、市民に負担をかけて排除させるというのはおかしい、基本的に間違っている」と言ったのです。自分たちが暴力団と対峙して、徹底的に違法行為をさせないということまでできるのかと。存在は認めておいて、在り方について規制をしてはダメだと言っているんです。

宮崎　しかし、幹部も「やり過ぎ」を認めているとなると、どういう状況なのでしょうか。現場の刑事たちは「暴排が進むと捜査しにくくなる」とぼやいていると聞ています。

亀井　やはり多くの警察官たちは「基本的人権は大事だが、暴力団は別だ。何でも受忍すべきだ」というような考えなんですよ。警察庁が基本的な心構えを徹底させなくてはいけない。

人権に例外規定はありえない（宮崎、亀井）

宮崎　「人権」ということで言えば、法令に但し書き、例外をつけてはいけないと思うんです。「国民は、すべての基本的人権の享有を妨げられない。但しヤクザを除く」というのは、いけない。

亀井 それはあってはならんですね。ヤクザといえども人権はきちっと守られなくてはいけない。「いえども」というのも本来はおかしい。ヤクザに人権があるのは当然なのです。もっと言うと、ヤクザについては差別的な扱いをして取り締まっても、マスコミも一般市民も「ヤクザなら構わない」という風潮を作ってはダメです。

宮崎 裁判でも、量刑はヤクザに対して厳しいですね。一般人の一・五倍くらいになるでしょうか。全体的に「ヤクザには人権がないんだ。何をしてもいいんだ」という雰囲気がありますよね。

第百八〇回国会で暴対法改定案も成立する見通しですが、成立後には警察の「対ヤクザ問題」というのはどういう方向に行くと思われますか？

亀井 やはり「ヤクザの人権」問題ですが、違法行為を見逃せというのではありませんよ。突き詰めていくと、「ヤクザとは何か」ということになってくる。だから、ヤクザなるものが、違法行為を手段として生業をたてている集団だということなのであれば、存在そのものを否定しなければならん。カルト教団のような団体を認めてはいかんですよ。

宮崎 破防法とかそういうことになっていきますね。

ヤクザが存在することの意味

亀井 ヤクザが存在するということは、昨日今日生まれたのではなく、庶民の生活の中から、自然発生的に出てきたのです。

いわゆる博打を生業にする連中だとかが存在して、通常の社会の契約とは別な人間関係の暗黙の契約の下でお互いの人間関係を作って生活をしているわけでしょう。

その関係は、一般の社会の常識からいうとおかしな点もあるかも知らんけれども、彼らの中にはむしろそういうものがあったほうがお互いに生きていくには便利だから。それは一方で、義理や人情という、キレイなものに名を変えている面もあると思う。それが一般社会にとって、反社会的なものでなければいいんですよ。

だから、それが反社会的なものになって罪を犯した場合は法律で対応すればいい。ヤクザに対しても一般の市民に対しても同様に、既存の法を忠実に従ってやればいいんです。

だから、存在そのものを否定するとなったら難しい面もあると思います。博打は法違反ですが、テキヤさんとかは現に汗水流して生きているわけでしょう。

宮崎　そうですよ。我々も暴排問題を議論する時に、じゃあ映画の『仁義なき戦い』はダメで、『男はつらいよ』の寅さんはいいのかと冗談半分で話すわけです。寅さんはテキヤでヤクザですからね。

亀井　そうですね。寅さんのように大道でそういう商売をしていく中で、お互いの「掟」を作って、それをお互いに守りながら喧嘩しないようにうまくやっていこうとなっているのに、そういう存在を認めない、延いては組の存在も認めないということになってくるわけですよ。

いろんな職業があって、それは自然発生的に出てきていて、法律が職業を生んでいるわけではないので、その職業でメシを食っている人たちの間で掟もある。それが反社会的な行為になってくれば規制すればいい。その前に踏み越えていっちゃいかんね。

そもそも博打は違法なんだけど、警察官だって賭け麻雀をやっているんですよね。こんなことはあまり言うつもりはないけど、人間の本能みたいなものに根ざしている分野ですから。

宮崎　お金を賭けないで麻雀をやってる方ががおかしいんじゃないかと……。

亀井　だから程度の問題ですよね。そこまで議論するならカジノはどうするんだとなるでしょう。社会政策として、ヤクザあるいはマフィアと社会がどう対峙していくかというのは、もう世界中の問題なんですね。

　ヤクザの場合は江戸時代から伝統的な社会の系譜を引いているといわれていますよね。そういう連中が現代社会においてどのように市民に迷惑をかけないで生きていけるかというような社会政策的、刑事政策的な観点もやはり必要なんです、本当はね。

宮崎　そうですね。ありがとうございました。

【註1】原発事故・機動隊が放水へ　国公委員長「国民の期待に応えたい」二〇一一・〇三・一七　NHKニュース

　福島第一原子力発電所の三号機に対して、警視庁の機動隊が高圧放水車を使って冷却作業を行うことについて、中野国家公安委員長は、きょうの会見で、「今回は緊急のやむをえない事態であり、警察に要請があった。危険に十分に注意しながら国民の期待に応えられるようにしたい」と述べました。

　中野国家公安委員長は、きょうの会見で、「喫緊の課題として使用済み核燃料プールへの注水作業が重要であり、求められている。注水について任務に最も適した放水車をたまたま警察が持っているということであり、今回は緊急のやむをえない事態である」と述べました。そのうえで、「危険を伴うことであるので十分に注意し万全の態勢、防護措置を講じながら、この重大な任務に関して国民の期待に応えられるようにしたい」と述べました。

　また、警察庁の安藤長官は、「隊員の安全が確保されることが何よりも不可欠だ。自衛隊の支援を受けながら安全確保に万全を期して任務の遂行にあたらせたい」と述べました。

【註2】あさま山荘事件　一九七二年二月、新左翼の共産同赤軍派と京浜安保共闘（革命左派）による「連合赤軍」が当時企業の保養所だった「浅間山荘」（長野・軽井沢町）で管理人を人質に立てこもって発砲、警視庁警察官の二人が殉職し、機動隊員やテレビ局カメラマンなど一六人が重軽傷を負った。

●かめい・しずか
一九三六年広島県生まれ。六〇年東京大学経済学部卒業、別府化学工業（現住友精化）に入社。六二年警察庁入庁、七一年警察庁警備局の極左事件に関する初代統括責任者などを歴任して七七年退官。七九年に自由民主党から衆議院議員選挙初出馬して当選。現在まで連続当選し、運輸相、建設相など歴任。〇一年「死刑廃止を推進する議員連盟」会長就任・現職。〇五年自民党離党、綿貫民輔氏らとともに「国民新党」結党、代表代行就任、〇九年代表就任、金融・郵政改革担当大臣に就任。一二年国民新党離党。

●みやざき・まなぶ
一九四五年京都生まれ。父親はヤクザの組長。一八歳で日本共産党入党、早稲田大学在学中は学生運動に明け暮れ、日本共産党系の秘密ゲバルト組織「あかつき行動隊」の隊長に就任し、東大闘争で全共闘と対立した。中退後は週刊現代の契約記者や実家の解体業経営などを経験し、九六年に半生を綴った『突破者』（南風社）を出版してベストセラーになる。その後も作家として活動を続け、近著に『ヤクザに弁当売ったら犯罪か?』（ちくま新書）、『「自己啓発病」社会』（祥伝社新書）など多数。

【2】果てしない権力との闘い

福岡県に対する国家賠償請求訴訟事件の控訴について

宮崎学（作家）

抗議声明

二〇一二年六月十三日
原告　宮崎学

本日の福岡地方裁判所は、きわめて不当な判決であり、直ちに控訴致します。

福岡県警の本件撤去要請は、あまりにも無茶で、常軌を逸した違法行為であることは明らかです。しかるに裁判所は私の主張をすべて否定しました。

戦後六十年余、表現の自由を軸とした人権保護体系は後退に次ぐ後退で、もはや崩壊状態といっても過言ではありません。

今回の判決で、この国の表現の自由がまた一歩「危険水域」に追い込まれてしまったと思います。

今回の判決も、この崩壊状況を如実に反映した内容であり、原告及び弁護団としては、失望と憤怒の念を禁じ得ません。

以上

一二年六月一三日、私が福岡県に対して起こした国家賠償請求訴訟の判決が福岡地裁で言い渡された。結果は請求棄却。裁判所は私の主張を一切受け入れなかった。全面的な敗訴である。

この「抗議声明」は判決直後に発表したもので、すぐに控訴の手続きも行なった。従前から日本の司法に期待できることは何もなく、敗訴は想定内であったのだが、それでも私の主張を全否定されたことには改めて失望と怒りを覚えた。

「しょせん漫画ではないか」

二〇一〇年暮れ頃に福岡県警が県内コンビニ各社に対して「暴力団を美化する風潮があり、青少年が誤った憧れを抱き、暴力団に加入してしまう恐れがあることから、売り場の撤去を検討すべきだと考えている。ご理解の上、適切な措置をお願いしたい」とする要請文とコミック七三冊と月刊誌三冊のタイトルを記したリストが送られた。このリストの中に私の著書を原作としたコミックのタイトルも載せられていた。

「お願い」とはいいながら、警察の要請に逆らえる者などいない。事実上の販売禁止であり、私の執筆活動の侵害であることから提訴に踏み切った。

判決当日、私は出廷しなかったが、福岡地裁・岩木宰（いわき・おさむ）裁判長は、「請求棄却」だけを伝えて退廷したと弁護団から聞いた。

判決の主旨は、次のようなものであった。

・福岡県警から県内のコンビニ各社に行われた「要請」とは、強制ではなく、あくまでも「お願い」であり、コンビニ各社が要請に応じなかった場合の罰則なども課していないことからもわかるように、各社の自主的な判断に委ねている。福岡県青少年健全育成条例で定める「有害図書指定」は罰則も定めており、本件とは性格が異なる。

・福岡県内には暴力団が多数存在し、暴力団員による犯罪が多発しており、一般市民も被害を受けていることから暴力団排除が進みつつあり、コンビニ側が暴力団を美化する図書を撤去するのは不自然とはいえない。

・リストにはコミックの原作者の名はなく、原告の執筆活動等まで規制することは考えられず、何の被害も生じない。

・リストは、業者からの求めに応じてインターネット上でタイトルを検索して作成した例示的なものに過ぎず、かりにその選出方法が杜撰であったとしても、コンビニ側の自主的判断について相当性を欠くとまではいえない。

被告の言い分を百パーセント鵜呑みにしている、どうしようもない判決である。こちらの主張はまったく受け入れず、「コミックの直接の作者ではない宮崎には何の不利益も生じないし、暴力団排除が進んでいる中でこのような本が自主規制で撤去されるのは当然」という、まったくの門前払いの判決であった。

もう一つ気になった点は、コミックの販売について「個人が言論活動を通じて自己の人格を発展させ、言論活動によって国民が政治的意思決定に関与するという、表現の自由の核心部分からは遠く、その価値とその表現の保護の必要性は、相対的には必ずしも高いとはいえない」と判じたことだった。すなわち「撤去要請をしたのは宮崎の作品ではなく、それを漫画にしたものだ。宮崎に影響はない。

しょせん漫画ではないか」という論調である。

これは法廷でも聞かれた。「あくまでもあなたは原作者でしかない」「コンビニ各社の判断で売られなくなっても、漫画なのだから作家としてのあなたの執筆活動に直接は影響しない」という被告側代理人の言葉は、「しょせん漫画」なのである。

今や大学にも漫画の学部があるように、漫画とは日本が世界に誇る文化である。これをないがしろにするのは、今後も問題になることだろう。

閉廷後に記者会見した休場（きゅうば）明弁護士は抗議声明を読み上げ、「特に福岡県内では暴力団排除が厳しくなっているが、法治国家として法的根拠のない取り締まりは許されない。提訴はその歯止めになればと思っている」と述べた。

この判決から一週間後には暴対法改定案が参議院で可決された。これから衆議院で可決される見通しだが、改定法案には、指定暴力団のうち「特に凶悪」と判断した組織に対して「特定危険指定暴力団」（暴追運動にかかわる市民や企業を襲撃するおそれがある団体）と「特定抗争指定暴力団」（抗争を繰り返す団体）として都道府県の公安委員会が指定することや、暴力団事務所の使用差し止め請求訴訟を住民に代わって全国の暴力追放運動推進センターができる制度などが盛り込まれている。

しかし、参議院内閣委員会の参考人招致では、警察官僚出身の委員などから「暴力団の非合法化」や盗聴や囮捜査、司法取引など現在では制限されている捜査手法の本格導入が求められ、同調する参考人もいた。

「自粛」が一番の問題

提訴に到った経緯については、本ブックレット・シリーズ①『あえて暴力団排除に反対する』で詳しく書いたが、ここでも簡単に紹介しておきたい。

二〇一〇年暮れに旧知の編集者から連絡があり、福岡県警が「お願い」と称して県内のコンビニエンスストア各社に「暴力団」を扱ったコミックの販売自粛を求める文書を配布したと聞かされた。この編集者によると、「置いてほしくないコミック」がリストになっているという。

「宮崎さんの著書が原作になっているものもあります。暴力団を美化して、青少年の育成によくない影響を与える、というのが理由だそうです」

「悪い冗談だなあ。エロ不祥事ばかり起こしている福岡県警にだけは青少年の育成がどうのこうのなんて言われたくないよ」

電話を切ったが、釈然としなかった。福岡県警は全国の警察の中でも不祥事の件数が常にトップクラスであり、レイプや盗撮、強制わいせつ事件は枚挙にいとまがないことは報道のとおりだ。

一方で、私は九六年に『突破者』でデビュー以来、ヤクザにならざるを得なかった者たちの哀しみや苦労を取材して書いてきたが、「ヤクザはすばらしい。読者のみんなもヤクザになりなさい」などとは一度も、一言も、書いたことはない。

今回「お願い」をした担当者は、おそらく私の著書を一ページたりとも読まないままに「リスト」に私の作品を載せたに違いない。このことは確信しているが、私の作品のどこが「暴力団を美化」して、青少年によろしくない影響を与えているのか、公の場で具体的に示してほしい。そう思った。

そして、その後も何人かの編集者から話を聞いた。

「現場としては、言論や表現の自由にかかわる大きな問題だと思っています」

彼らは異口同音に話したが、幹部連中はそうはいかないようだった。

「情けないことですが、上層部《うえ》からは『寝た子を起こすな』と言われました。警察に逆らうと、ワイセツなど別のところで意趣返しをされる可能性があります。もともと出版不況で雑誌や本が売れていないのに、余計なことをするなということです」

気持ちはわからないではないが、あまりにも情けない。彼らは、こうも言った。

「現場はこれからも宮崎さんに取材や執筆をお願いしたいのですが、これからしばらくは取材もお願いしにくくなるかもしれません。そんなに長期ではないと思いますけど」

私は呆れたが、このように伝えてくる編集者は、まだ良心的といえるだろう。私は以前から暴力団排除が生む「自粛」の恐ろしさを指摘してきたが、それが非常にわかりやすい形で出てきたのだ。誰だって、警察を敵に回したくはない。逆らわないでおこう、ということなのだ。

事実、年が明けてからは「ハンシャ（反社会的勢力）関連の記事はちょっと自粛しようということになりまして……」と言ってきた編集者も一人や二人ではない。

これを損害と言わずに何と言うのか。もの書きというのは、原稿を書くだけが仕事ではない。売らなければ意味がないのだ。コンビニで販売されなくなるということは、売り上げだけでなく様々な問題が派生する。

その中でも大きな問題は、コンビニ各社だけではなく出版社、テレビ局、新聞社などメディア各社の「自粛」である。「警察に睨まれると面倒だから」と、しなくてもいい自粛を進めていくことの弊害は計り知れない。

私にとって、これは福岡県警による明らかな営業妨害である。

本来は、もの書きを含めて多くの人が声を上げるべきだと思ったが、それは不可能であろうから独りでも闘うことにしたのだ。

二〇一一年四月一日、福岡県の暴力団排除条例施行の日に合わせ、私は福岡県を相手取って国家賠償請求訴訟を提訴したのである。

書きたいことを書けない怖さ

福岡県内のコンビニで事実上売られなくなったのは、私の著書『突破者異聞　鉄（kurogane）極道・高山登久太郎《とくたろう》の軌跡』（徳間書店、二〇〇二年）を原作としたコミック『実録　激闘ヤクザ伝　四代目会津小鉄　鉄（クロガネ）高山登久太郎』（竹書房、二〇〇八年）を含めてコミックは七三冊であった。「これらは暴力団を美化する風潮があり、青少年が誤った憧れを抱き、暴力団に加入してしまう恐れがあることから、売り場の撤去を検討すべきだと考えている。ご理解の上、適切な措置をお願いしたい」とあった。

要請文を一読して、この要請に関わった担当者らは、拙著はおろかコミックも一ページたりとも読んでいないと思った。

拙著は、在日として苦労しながらヤクザ・会津小鉄のトップになった高山登久太郎の激動の生涯を追ったものだ。数多い私の作品の中でも特に愛着のある作品である。

「暴力団を美化」して「青少年に誤った憧れを抱かせ」、「暴力団に加入させてしまう」ような内容では決してない。差別と貧困の中で戦前戦後を生き抜くためにヤクザにならざるを得なかった高山と、その周辺の人間たちの悲しみを綴ったのである。発売当初は日刊紙の書評でも好意的に紹介されている。

たとえば〇二年四月七日付けの東京新聞の書評では、「在日韓国人として食べるための選択肢がなく、任侠の世界に踏み込んだいきさつから権力との闘いなど、激動の人生の場面を丁寧に追っている。一途に生きた男の時空と彼をめぐる人間の絆が浮き彫りにされる」と評価された。

しかしながら、福岡県警はロクに調べもせずに、「宮崎学という作家は、若者が暴力団員になるように煽る『ふとどき者』である」というレッテルを貼ったのである。

折からの出版不況もあり、あえて警察に睨まれている「ふとどき者」に仕事を頼む編集者などいない。つまり、「要請文」により、私の表現者としての活動や収入が大きく脅かされることになってしまった。

福岡県警がロクに調べていないと思った理由は他にもある。「要請文」にはコミック七三冊と月刊誌三冊のタイトルを記したリストが添えられていたが、このリストは大物右翼など「指定暴力団員」ではない人物を扱ったものもあった一方で、明らかに暴力団組長を称揚している作品が掲載されていなかった。

法廷でも述べたが、「この〇〇という作品は明らかに暴力団を美化しているではないか。リストに掲載して排除しろ」と言うつもりはまったくない。ワイセツ規制と同様、ひどい内容のものも含めてお上が規制すべきではないというのが私の考えだ。

公権力が個人の著作物に対して「有害」であると認定し、その販売を妨害すること自体が憲法で保障されている表現の自由を侵害するものである。にもかかわらず、さらに、今回は内容も確認しないままに規制されている。異議を唱えないわけにはいかないではないか。

個人の尊厳が二重に踏みにじられた

参考までに、一審で提出した私の陳述書を紹介しておく。

私は『突破者異聞　鉄（kurogane）極道・高山登久太郎の軌跡』（徳間書房、二〇〇二年）という作品を書きましたが、この著作をもとに、私が原作者となってつくられたのがコミック『実録　激闘ヤクザ伝　四代目会津小鉄　鉄（クロガネ）高山登久太郎』であります。

このコミックに対して、福岡県警が県下コンビニ各社に販売中止を要請し、売り場からの撤去を迫ったわけです。

要請文には、「これらは暴力団を美化する風潮があり、青少年が誤った憧れを抱き、暴力団に加入してしまう恐れがあることから、売り場の撤去を検討すべきだと考えている。ご理解の上、適切な措置をお願いしたい」とあります。

つまり、私の当該著作は「暴力団を美化」して、「青少年が誤った憧れを抱く」ようにしむけ、「暴力団に加入させてしまう」ような作品であり、作家としての私はそうした著作をなす者であると、公権力から認定され、それを公知せしめられたわけであります。

私は、このような措置によって、自己の作品を貶められ、作家活動への妨害を受け、著作の販売を妨害され、それにともなう損害を受けたので、国家賠償法に基づき損害賠償を求めたものであります。

この訴訟に関しましては、主張したい問題点がさまざまあります。しかし、そのなかで、特に、私の当該著作が公権力による、さきにのべたような認定を受けたことが、どのような意味を、私の人格に対して、また現在の日本社会に対してもつのか、という点に絞って申し述べたいと思います。

そもそも、公権力が、著作物に対して、そのような認定をおこない、その販売を妨害すること自体に、表現の自由を侵害するおそれがあることが指摘されなければなりません。そして、作家たるものは、自己の表現の自由を守ることに生命を賭けなければならない存在であります。

しかし、そのとき、作家は、表現の自由を抽象的に取り扱ってはならないと思うわけです。もちろん、作家だけではなく、すべての人たちが、表現の自由を抽象的に扱ってはならないのです。このような表現は許されないという認定に対しては、そのような認定一般を問題にするのではなくて、その表現が表現者にとってどうしてもせずにいられないものであることを明らかにすることを通じて抗うべきであります。それは、表現の自由がもっとも重要な自由権であり、自由権が個人の尊厳にもとづくものである以上、それを侵されようとした個人は、みずからの尊厳において闘いをおこなう義務をもっているからだと思うのです。

そのような観点にもとづきながら、それをふまえたうえで、私の作品における表現が、他者の自由や公共の福祉を侵害するものであったのかが判断されなければなりません。したがって、私は、まず当該作品において、私が何を表現せずにはいられなかったのか、それが私の人格、またそこに描かれた高山登久太郎の人格の尊厳にどう関わっていたのかを申し述べ、福岡県警の措置がそのような人格の尊厳の侵害であることを明らかにしたいと考えます。それは、私が受けた損害が窮極的にはそこに根ざし、そこから波及した一連のものであるという性格をもっているからであります。

私の作品は、一読されればわかりますように、高山登久太郎という人間がなぜヤクザにならなければならなかったのか、そのならざるをえなかった根拠にもとづきながら、その生きる根拠を否定してくるものとどう闘ってきたのか、を描いたものです。そのことは、発表当時のジャーナリズムにおいても受け入れられ、たとえば、平成一四年四月七日付け東京新聞の書評では、「在日韓国人として食べるための選択肢がなく、任侠の世界に踏み込んだいきさつから権力との闘いなど、激動の人生の場面を丁寧に追っている。一途に生きた男の時空と彼をめぐる人間の絆が浮き彫りにされる」と評価されております。

作品のなかにも引用しましたが、高山登久太郎は、かつて法廷で、任侠道に入ったのはなぜかという問いに、次のように答えております。

「子供の頃は親に守られていたため、外の社会で行われていた在日朝鮮人に対する差別を感じることはあまりなかったが、敗戦後は親が韓国に帰国してしまったので自分一人では為すすべもなく、衣食住を得るために私と同様に差別される人間が身を寄せ助け合っていました。任侠の団体に入ることは、自然現象のごときものでありました。食っていくために他に選択肢がなかったのです」

このように、髙山登久太郎は、かつてはいまよりももっと厳しいものだった朝鮮人差別に直面しながら、親と離れて一人で生きていくなかで、同じように差別されて食うに困っていた人たちと助け合うために任侠の道に入っていったわけです。かつて予科練を志願して国のために戦おうとしていた少年が、どのようにして、そうなったのかについては、私の作品に具体的に書いてあります。

そして、それは髙山登久太郎にかぎった話ではなかったわけです。ヤクザの世界では、ヤクザ組員の三分の一は在日コリアン、もう三分の一は被差別部落民だといわれています。差別が、差別のゆえの貧困と相まって、被差別民をヤクザにならざるをえなくしてきたのです。髙山登久太郎がその典型ですが、ヤクザの多くがそうなのです。その痛い事実を知り、見つめるなかからしか、ヤクザという存在をなくしていく道は開けてはこないのではないでしょうか。

かくいう私も、被差別部落民ヤクザの家に生まれたものでありますから、その事実の痛さと重さは、身をもって感じてきたところであります。だれがなりたくてヤクザになったでありましょうか。ヤクザ自身が「ヤクザは哀愁の共同体だ」といったことがあります。これは在日朝鮮人だった柳川組・谷川康太郎のことばです。また「弱くて淋しい男たちの親睦団体だ」といったヤクザもおりました。そのヤクザの娘さんは、「お父さんの組は淋しい人らが、みんなで集まっているサークルです」と日記に書いたそうです。これは山口組の田岡一雄のことばです。ヤクザとは、そういう存在なのです。

高山登久太郎は、戦後の混乱期に大阪の今里で愚連隊に入って、そのなかで腕っ節だけを頼りに生きいくようになるわけですが、それ以外には食べていく途がなかったわけです。

私は、大阪の明友会という在日コリアンの愚連隊のことを書いたときに、当時の統計を調べたことがあります。それによりますと、高山の今里時代より七、八年あとの昭和三四年の段階で、第一位は無職で、七五％と圧倒的多数を占めています。以下、ずっと離れて、単純労働者四％、古物・屑鉄販売二％と続き、それ以外の二〇％は、不明以外、各々一％以下のさまざまな職業からなっていました。

そんな状況のなかでは、在日の若者は、ほとんど職にありつけないし、ありつける見込みもなかなか立てられないわけです。しかも、自分たちで方便を立てていかなければならない。彼らのなかから、少年の頃から集団で略取に走る者たちが出てくるのは、ほとんど自然の理に近かったわけです。自転車泥棒、板場荒らし、さらに犬獲りもおこなわれた。純血種の洋犬をねらって誘拐してきて、専門の犬屋に売るのです。

これは私が子供だったころ、出入りして見聞きした京都の被差別部落や朝鮮人集落も同じでしたし、高山の時代の今里はもっとひどかったかもしれません。この略取で生きていた少年たちが、他に途が見いだせなかった場合に、ヤクザになっていったわけです。私の作品は、このような底辺社会の状況、差別のありよう、貧困の状態、そういったもののなかで、なぜ、どのようにしてヤクザになっていく人間が生まれていったのかを書いたものです。それは、在日コリアン差別や部落差別を含む日本社会全体のありかたを批判的に見直そうという問題意識につながるものでもありました。

ところが、そういう作品が「暴力団を美化」して、「青少年が誤った憧れを抱く」ようにしむけ、「暴力団に加入させてしまう」ような作品だと福岡県警はいうのです。

私は、高山登久太郎のような人が、なぜ、どのようにしてヤクザになっていったのか、を明らかにして、ヤクザとは何なのかを描いたのであって、それがどうしてヤクザを美化したことになるのか、理解に苦しみます。

私は、ヤクザにならざるをえなかった事情を明らかにしたのですが、それが社会の状況のなかで、やむをえないものだったことを明かしたとしても、それがヤクザのやっていることをすべて肯定しようとするものではないことはいうまでもないことです。

「差別と貧困によって、そうならざるをえなかったのだから、ヤクザが犯罪をおこなっても罪に問うな」などと主張しているわけではありません。私は、ヤクザが犯した犯罪については、罪刑法定主義にもとづいて厳正な処罰を下したらいいではないか、と主張しているのです。ただ、犯罪行為でもないのに、ヤクザだからという理由で行為を不当に制限するのはまちがっている、と主張しているだけなのです。

実際、ヤクザ自身、犯罪をおこなったら罰せられるのは当然だと考えているのです。「ワシらは社会の被害者なんやから、悪いことしても罪に問うな」などと主張したヤクザは一人もおりません。みんな、ヤクザであるからといって人並みより重く科せられた刑罰を黙って受けて、勤め上げてきたのです。

私が作品を通じて明らかにしようとしたのは、「ヤクザは悪くない」ということではなくて、「どうして悪いことをするヤクザが生まれたのか」ということであり、ヤクザがやっている悪いことは、「悪いことだから悪い」のであって、「ヤクザがやっているから悪いのではない」という当たり前のことを、一般市民に認めてもらおうとしているだけなのです。

ところが、警察がやっていることは、事実上、「ヤクザはヤクザだから悪い」「悪いことではなくても、ヤクザがやれば悪いことだ」といっているに等しいのです。だから、それを認めず、「ヤクザだって人間だ」「ヤクザだという理由だけで社会から締め出すな」「犯罪を犯罪として取り締まればいいではないか」と主張することが「ヤクザを美化すること」になると、警察はとらえるのです。これは、「ヤクザを人間扱いするな」「ヤクザを人間扱いすることはヤクザの美化だ」ということにほかならないのではないか、というふうに私は受け取らざるをえないのです。

「ヤクザが生きていける条件を根絶する」――これが暴力団対策法以降、警察によるヤクザ取り締まりの基本方針になっているのです。そして、それが日本社会を挙げて、さまざまなかたちで実行されようとしています。

実際、たとえば、いま全国銀行業協会によって、組員や組と関係の深い企業に対しては預金口座を開設させないという措置がおこなわれています。すでに開設されている口座でも、組員の口座であることがわかれば契約を解除するように指示されています。ヤクザの家庭では、公共料金の引き落としもできなければ、東京で学生生活を送っている息子に口座を通じて仕送りをすることもできないということになっています。

ホテルの宿泊あるいはレストランの利用もヤクザに対しては拒否する定款を掲げるところも広がっており、公共住宅からヤクザを排除する条例が地方自治体で制定される動きも広まっています。

最近の日本相撲協会をめぐる問題でも、ヤクザが大相撲を観戦すること自体がいけないかのような社会的風潮がつくられようとしています。

これらは、警察が進めている「ヤクザが生きていける条件を根絶する」というヤクザ対策によって、ヤクザを社会生活のあらゆる場面から排除する施策が日本社会のなかで進められていることを示しています。

それは、いまや、ヤクザという集団に属する個人に対する社会的差別が公権力によって組織されているといってもいい状況に達しようとしています。これは、ヤクザの善し悪しを超えて、特定集団を社会的に差別したり、社会的に排除したりする傾向を助長するものとして、日本社会のありかたに重大な影響をあたえるであろうと考えられます。

こうした動きに対して、このようなやりかたはヤクザ個人には人権がない、ヤクザには個人として生きる権利はないということなのか、と抗議しつづけてきたのが髙山登久太郎であったわけです。

私の著作でも引用しておりますが、髙山登久太郎は、国家公安委員会に対して、こう問いつめております。

「終戦後、われわれも警察に協力していろいろなことをしたことがある。それを、こういう追い詰め方をする。人権がないなら、お前らには人権がない、とはっきりいうてくれたらええんだ。それならそれなりのやり方があるわけやからね。しかし、人権はある。だからお前らは義務を果たせ。けど、生きる権利は与えん。そんな馬鹿なやり方をしとるから、間違うとる、とわしはいうとるわけや」

私は、この指摘は、まことにそのとおりであり、ヤクザという集団が良いか悪いかという以前の問題だと思いました。そこで、髙山登久太郎の問題提起を支持し、その人間の叫びに共感し、自分自身の問題として取り組んできたわけです。そして、その過程で書いた『突破者異聞　鉄（kurogane）極道・高山登久太郎の軌跡』は、その主張を、ドキュメンタリー作品として表現したものなのです。

その作品が「ヤクザを美化する」ものだと認定して撤去を要請するというのが、今回の福岡県警の措置なのです。ということは、福岡県警の論理では、先ほど申しましたように、なぜヤクザが生まれるのかを描くことがヤクザを美化することになるというだけではなくて、さらには、ヤクザを生きる権利をもった人間として描くことがヤクザを美化することになる、といっているのに等しいということになるのではないでしょうか。

もっと現実的にいえば、「ヤクザがやっていることが良いか悪いか以前に、ヤクザという存在自体が悪いのだ」という警察のヤクザ対策の前提を崩そうとすることは、ヤクザを美化することだ、といっているに等しいのです。

ここで一言付言しておきますと、今回の福岡県警の措置は、いわゆる「悪書追放」の上でも、新しい特徴をもっている点に注意することが必要です。その特徴とは、従来の規制が、「性的感情を著しく刺激する」とか「残虐性を著しく助長する」とか、表現の「受け手に対する影響」を問題にしていたのとはちがって、「ヤクザを美化する」という表現の「対象に対する書き手の態度」を問題にしていることです。

しかも、どういうものが「美化する」ということになるのかという基準は、規制する側の恣意にまかせられているわけです。これは、表現者の題材そのものを規制することであり、これが拡大されるなら、新しいタブーをつくりあげることにつながりかねません。

それを「ヤクザだからしかたない」と見過ごしていれば、「テロリストを美化するもの」「右翼を美化するもの」「天皇を敬わないもの」「革命を貶めるもの」……それだって同じことなのです。そうなれば思想統制だけど、ヤクザならいい、というのでしょうか。

福岡県警の今回の措置を裏づける論理は、このように、犯罪をおこなっていなくても特定団体に加わっていれば生きる権利は大幅に制限されるとすることによって、個人の自由権の根本を侵害するものであり、またそうした論理に抗って生きてきた人間を共感において描いた作家の表現の自由を侵害するものであり、二重の意味で個人の尊厳を否定する行為であると考えるものです。今回の措置によって、故高山登久太郎と私宮崎学の個人の尊厳は、同じ論理によって、ちがったかたちで傷つけられたのです。

私が受けた損害は、すべて、ここから派生したものであります。

以上が、私が提訴をおこなった理由の根本であります。

この陳述書は、今回の裁判のために書いたものではあるが、私の作家として生きてきたことについての思いをすべて込めた。

今回の判決は、「暴力団を排除しよう」というスローガンを掲げて利権を得ようとしている警察権力と、それを是とする裁判所によって作られたものであり、承服できない。これからも異議を唱え続けて行く。

【3】

暴対法改定を多角的に検証する
——院内集会の報告

設楽清嗣
（東京管理職ユニオン）

小谷野毅
（全日建運輸連帯労組）

又市征治
（参議院・社民党副党首）

田原総一朗
（ジャーナリスト）

青木理
（ジャーナリスト）

鈴木邦男
（一水会顧問）

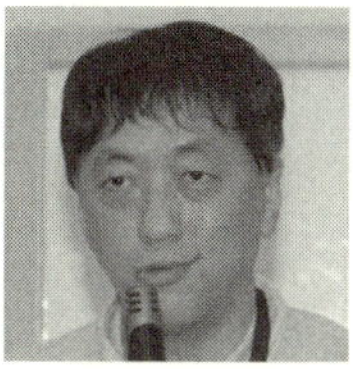
宮台真司
（社会学者・
首都大学東京教授）

宮崎学
（作家）

村上正邦
（元労働大臣）

照屋寛徳
（社民党衆院議員）

吉田忠智
（社民党参院議員）

高井晃
（東京ユニオン）

【第一回院内集会レポート】（二〇一二年五月三一日）

反対派が国会に集結！　社民党も「改定反対」を表明

二〇一二年五月三一日、参議院議員会館において、「暴排条例と暴対法改定に異議あり　五・三一院内集会」が開催された。

主催は「暴力団排除に名を借りた警察の天下り量産法に反対する会」。同会は議員会館前で暴対法改定反対のビラを配布するなどの抗議行動を行ない、また、党として暴対法に反対することを表明している社民党もこの抗議行動に参加している。

今回の院内集会では、その社民党議員やジャーナリストなど多彩な人々が出席し、暴対法改定に対し異議を唱えた。そのもようを再現する――。

■労働組合が反対する理由

司会・設楽清嗣（東京管理職ユニオン）

本日の集まりは「暴排条例と暴対法改定に異議あり、暴力団排除に名を借りた警察の天下り量産法に反対する五・三一集会」ということでありまして、この集まりを持つ最初の機縁は、今日、ここに来ていただきました「暴力団排除条例と暴力団対策法改定に反対にする表現者の会」の皆様方の呼びかけの、記者会見が開かれ、声明文が発表されたり、そしてその声明文に賛同する方々の署名などが行われましたことにあります。

私は東京管理職ユニオンという労働組合ですが、全日建連帯の小谷野さん、東京ユニオンの高井さんとともに、労働組合としてもこの暴力団排除条例及び暴力団対策法の改定は重大な憲法違反、集会結社の自由に反する行為であるという立場から、暴力団に賛同するためにじゃなくて、憲法のために、表現者の会の方々の声明に応えて、労働組合としても闘わなければいけないということで、今日の集会にお集まり願ったわけです。

小谷野毅（全日建運輸連帯労組）

設楽さんが紹介しましたように、今年の三月に田原総一朗さんや宮崎学さんたちが表現者の共同声明をお出しになりました。労働組合としては立ち上がりが遅くて、しかも、設楽さん、高井さんや私の名前で呼びかけた会もそれほど残念ながらまだ拡がってはおりません。今日の集会を機に、ぜひとも労働組合サイドからもこの法の危険性を訴え、暴排条例などという野蛮な条例がなくなっていくように運動を強めていくように考えております。

今日までに会としては、議員会館の前で二回ビラまきをしました。非常に反響もあり多くの議員の方からも声をかけていただきました。社民党の政策審議会の全体会議にも呼ばれて、この法案がなぜ問題なのかという話をさせていただきました。

この暴力団排除条例あるいは暴対法というのは、治安維持法がかつて共産主義者を弾圧して、後には国民の自由全般を奪って行った法律になったような危険性があるぞという、警鐘を鳴らすように言われることがあります。ですが私は、遠い将来のことではなくて、もう間近に、あるいはすでにそういう状況になっているという認識のもとに、労働組合はこの闘いに取り組まなければいけないというふうに考えております。

＊労組が申し入れると警察OBが出てくる

お手元に資料をお出ししましたが、たとえば労働組合として一番危機感を持っているのは、企業の取引の中に警察が土足で踏み込んで、あれがいい、これが悪いということをやりはじめているというところですね。

昨日の朝刊に、都内の港区の中華料理屋で、稲川会と松葉会の、会費三万円というからちょっとお値段がいいなと思いましたが、三〇人ほど集まって仲良くするための会というのを開いたんだそうですね。これがやはり警察の目に止まって、ただちにけしからんと、暴排条例に基づく初の勧告が出たという、そういうニュースがありました。

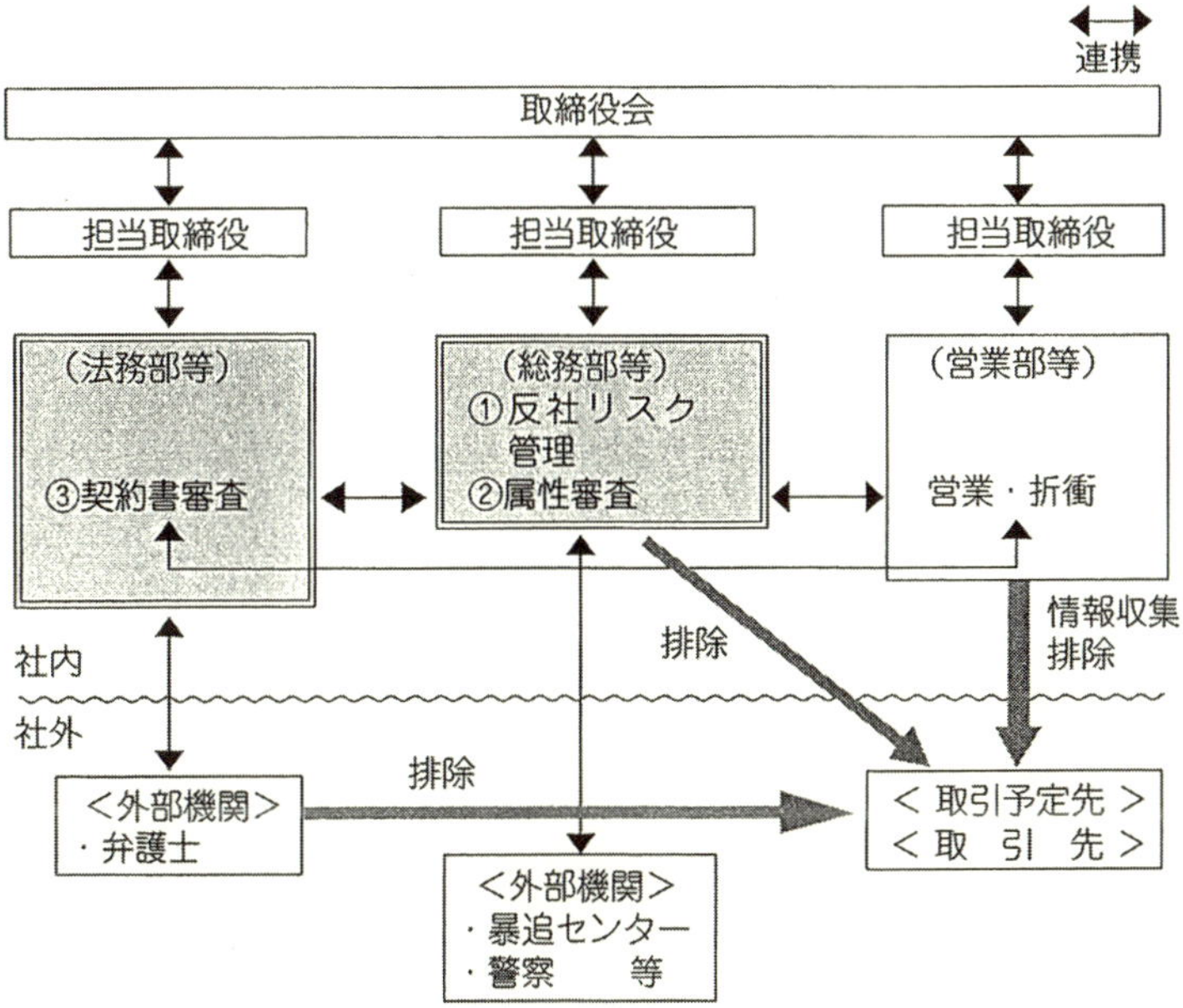

〔『暴力団排除と企業対応の実務』（商事法務）72 頁より〕

松葉会だから稲川会だからしょうがないんじゃないのと思われる方もいらっしゃるかと思いますけれども、どこにそういう、いいの悪いのと言う権限があるのか。じゃあ組員が食事していたらどうなっていくのか。あるいは組員の家族が飯を食いに行ったらどうなるんだろう。そういうのをなんで警察がいちいちいいの悪いのと言うんでしょうか。料理店の店主に対しても、こういうことはやっちゃならんという勧告が出されたんですね。これはですね、組の人だけの問題では実はなくなっています。

お手元の資料の一〇ページ目（本書、上図）をちょっとご覧いただきたいと思うんですが、ここに「暴力団排除体制の全体イメージ」というのがあります。これは、東京弁護士会の民事介入暴力対策特別委員会という、もう二〇年来活動している、いわゆる民暴対策委員会が出した『暴力団排除の企業対応の実務』というマニュアルの一部なんです。

これを見ると、企業の法務部とか総務部とか営業部の取引の中に、一番下に「外部機関」として暴追センター、警察等と書いてありますが、実は全部ここが仕切る仕掛けになっているなというのが私の認識です。

現実にですね、今、企業の中に、総務や法務の中に警察ＯＢがたくさん入り込んでいます。我々労働組合が、たとえばゼネコンに申し入れに行くと、調査役という名前で警察の高級官僚のＯＢが出てくるケースが増えています。図々しくもですね、〝私を通して話をしてほしい〟というふうに彼らは言うわけですね。〝お前なんかと話できるか〟と言うと、〝私を通さなければ面談をセットしない〟とまで言ってくる。彼らは中で何をやっているのかというと、この図にのっとって、この労働組合とどう付き合うべきか、この組合との協約はいいのか悪いのか、申し入れ内容についてはどうのこうの、というふうに現に口ばしを挟んでいるわけです。こういう状況から見ると、やがて危険な時代が来るというのじゃなくて、すでに危険な状況は始まっている。こういう法体系を許してはならない、こういう法秩序を認めてはならないという観点から運動を作らねばならないということで、今日はこの院内集会を開催しました。

社民党も運動を始めていただきました。民主党の中からも立ち上がる議員さんがちらほら出始めたように思います。各分野の議員の中からも与党野党問わずおかしいなという声が出始めていると思いました。内閣委員会でこれは参議院先議でかかるようですが、まだ動き始めておりません。国会情勢の結果だと思いますけれども、この機会に私たちはもっともっと運動を強めて、もっと共通認識にして、こういう異分子排除のような法体系や条例作りは決して認めてはならない、それは我がこととして認めてはならないという決意をぜひ今日分かちあって、運動をさらに広くしていきたいというふうに考えております。

■暴対法改定、秘密保全法、憲法改悪等を一連の問題として考えよう

又市征治（参議院・社民党副党首）

本来ならばうちの国対委員長、弁護士でもある照屋さんが発言するといいのでしょうけれども、私が党の内閣部会の責任者として質問主意書を出したということもあって、私に挨拶せよということであります。

本日は、こういう集会を院内で開いていただきましたことに、心からお礼を申し上げたいと思います。

日弁連からも「慎重な検討を」ということで見解がだされておりますし、私どもも先般、小谷野さんに来ていただいて政策審議会全体会議でこの問題について、るるご説明をいただきました。

暴対法は参議院で先議することになっているのですが、今、国会では二大臣の問責決議が参議院で可決されてから、まったく動いていません。今、国会で動いているのは衆議院の社会保障と税の一体改革、つまりは消費税を何としてでも上げようという特別委員会と衆参の憲法審査会だけです。今、参議院憲法審査会では、どうも審査に時間がかかるから、二つぐらいの分科会を設けて、それで論議を進めようという話です。われわれが求める、憲法がどのように実現をされているのか、いないかをチェックし、憲法理念にもとづいてそれの実現を図っていくという内容ではなくて、憲法の改悪だけ

を進めようということです。こういう衆参の憲法審査会と社会保障と税の一体改革特別委だけが動いています。

テレビでは特別委だけが流されるものですから、なんとなく国会が動いているように見えますが、参議院ではもう四〇日余り、まったく空転状態、国会の使命を果たしていない。したがって、あの竜巻被害とか高速バスツアー事故の問題等を議論をし、その対策をどうすべきとかいう国会審議はなされていません。

もうひとつ言わせていただくならば、ようやく今、原発の再稼働問題の最低前提条件ともいうべき原子力規制機関、この問題がようやく衆議院の本会議で趣旨説明が行われた程度でありまして、本当にひどい国会状況に実はなっています。

これは一面では参議院で全然審議が進まないわけですから、この間にどうやってこの暴対法改定案の危険性を、しっかり訴えていくかということが問われているように思います。暴対法の改定案に反対するというと、「暴力団をのさばらせるのか、規制を緩めるのか」というような声が上がりそうです。また相手は、そういう宣伝をしようとしております。

一般市民を暴力事件、あるいは暴力団から守るのは当たり前のことでありますが、それに名を借りて、現実問題としては小谷野さんからお話しがありましたように、企業のなかに警察がどんどん天下りで入ってくる、そのなかで労使関係まで問題にされる、国民がいろんな意味で統制をされていく、規制をされていく、こういう問題はやはり厳しくチェックすることが大事だろうと思います。

一方、国会のなかで、今回の国会では見送りかもしれませんが、秘密保全法を出そうという動きさえもある。こういうものと一連のものとして、あるいは憲法改悪問題と一連のものとして考えておく必要があるのではないかと、私たちはシビアに捉えて対処していきたい。

私どもはこの問題に対して質問主意書を出しました。これに対する政府側の答弁などを含めて、これらの中身について、専門家の皆さんのご意見をもう少しお聞かせいただきたい。そして再質問主意書を出すなりして、少しでも問題を明らかにしていく、そういう努力をしながら皆さんと連帯して取り組んでまいりたい。

■マスコミがだらしなさすぎる

田原総一朗（ジャーナリスト）

警察というのは何か機会があるたびに、自分らの力を増やしていきたい、膨らましていきたいという欲求がある。かつて全共闘運動というのがあった。これでずいぶん警察は得をして、ワーッと利用した。オウムも利用した。今度は暴力団を利用して、いかに警察の力を増やしていくかと思っているんだと思います。

これは下手をすれば日本は警察国家になる可能性がある。すでになっているのかも知れませんが、これは阻止しなければならない、ということが一つです。

もう一つは、私はマスコミでテレビや新聞などをやっていますが、マスコミがだらしなさすぎる。ここを一番訴えたい。たとえば、私は宮崎さんと相談して、「朝まで生テレビ」という番組で暴力団排除条例をやりましたよね。ところが、日本のテレビ局で暴力団排除条例をやった局、番組は全くなかった。これに対しての反論も全くなかった。

もう一つ言いますと、暴対法ができたとき、これを「朝まで生テレビ」でやった。そのときは会津小鉄の高山（登久太郎四代目会長＝故人）さんに出てもらった。でやりました。今度はね、暴力団側の出演は、局は断固阻止をする。この暴排条例をやるのに〝悪いけどVTRにしてくれ〟と。いつもは生番組なんです。でまぁやむをえず、カットはしませんでしたけどね、でやりました。

自慢するわけじゃない。他のテレビ局、どこでも何もやらなかった。この問題についてまともに取り組んでいるのは新聞でも全くない。このマスコミのだらしなさ。何でこうなんだという、これは怒りであり、あるいは危機感です。僕が言っていると、その次僕が飛ばされてレギュラーがなくなるんじゃないかと。こういう問題がありますけど、やらなくちゃいけない。そこを訴えたいと思ってます。

■つきあうな？　余計なお世話だ！

青木理（ジャーナリスト）

この暴力団排除条例および暴対法のさらなる改悪について、まずきちんと指摘しなければならないと思うのは、今の時代には青臭い物言いと言われてしまうのかもしれませんが、法の下の平等という大原則に例外を作ってしまっては絶対にまずい、という点です。ヤクザだからなどという理由をもって原則に例外をつくれば、その刃は誰にでも向かいかねない。青臭いと言われようが、これは声を大にして訴えておかねばならないと考えます。

さて、全国各地で制定された暴排条例についてですが、配布された資料の中にもあるのでぜひ直接ご覧になっていただきたいんですけれども、東京都の条例の場合、第三条に「基本理念」なるものが書かれているんですね。ここに掲げられているのが、まずは「暴力団を恐れないこと」、それから「暴力団を利用しないこと」、そしてもう一つ「暴力団と交際しないこと」と明記されている。これ、心底から馬鹿げた話ではないでしょうか。まるでデキの悪い子どもが母親に小言を言われているようなもので、余計なお世話なんです。自治体なり国家なりに「誰それとつきあうな」などと、少なくとも僕は言われたくない。正確に言えば、この条例の制定を主導したのは警察ですから、たかが警察ごときに「誰それとつきあうな」とか、「誰それとつきあえ」とか、そんなことを僕は断じて言われたくない。

僕は暴力団、ヤクザとよばれる組織や団体に好意は持たないし、むしろ嫌いですけれども、こんな仕事をしている関係上、友人や取材先の中には何人かヤクザと言われる方がいて、その中に幾人かは人間的に尊敬できる方もいます。そういう方々のうちの誰と付き合い、誰と付き合わないかは、僕が決めます。警察ごときに言われたくないし、言うべきでもない。少し理屈っぽくいえば、内心の思想信条はもちろんのこと、極めて私的な領域に対して警察などが偉そうな顔で説教をたれたり、しゃしゃり出てくるべきじゃないんです。こんな条例を易々と受け入れる地方議会や社会の側にも問題があります。あまりにも馬鹿げている。

この条例、もう一つ見ていただきたいのは一五条なんですけれども、ここに「都民等の責務」という条文があり、こう書かれています。「暴力団排除活動に資すると認められる情報を知った場合には、都または都民暴追センター等に当該情報を提供すること」、そして「暴力団排除活動に自主的に、かつ相互に連携して取り組むこと」。私も都民ですが、これらが「都民等の責務」になっているわけです。すなわち、「暴力団と交際しない」、「情報を提供する」ということが、私の「責務」になるんです。チクれ。つきあうな。排除しろ。こんな条例に、僕は虫酸が走るほどの嫌悪を覚えます。

さらに言うなら、今日の集会パンフレットの表紙にも「暴力団排除に名を借りた警察の天下り量産法に反対する会」って書かれていますが、まさにこの通りなんです。このあたりはおそらく宮崎学さんがお話くださると思うんですけれども、最近、「安心・安全な社会」「体感治安の悪化」などという警察がふりまく一種のデマゴギーがものすごく拡散し、警察の天下り利権が異様なほど膨れ上がってきています。

しかし、日本社会の治安は基本的に悪化していないんです。たとえば、殺人事件の件数が一番多かったのは一九六〇年ごろの話で、以後はずっと漸減して、この二〇年ぐらいをみれば、ずっと横ばいで年間一〇〇〇件ちょっとぐらいで推移しています。少年による凶悪犯罪も同様です。つまり、全く治安が悪化していないにもかかわらず、「安心・安全な社会」を市民が求め、警察利権というのが異常な形で拡大している。田原さんからさっき警察国家という話が出ましたけれども、実際にそういう事態が進んでいるんですね。かつて警備・公安警察が出世の王道だった警察組織の中でも変化がみられ、かつて「防犯警察」と呼ばれていた生活安全警察の部門が出世の王道になりつつあります。理由はもちろん、生活安全警察が巨大な利権を生み出す装置になっているからです。

余談ですが、最近は検察が非常に批判されていて、それはそれで当然の話なのですが、検察だけが叩かれて力を弱めると、今度は警察権力が調子に乗りかねない。馬鹿げた条例の制定や暴対法の改悪は、明らかに警察権益の大幅拡大という結果をもたらします。そして何より、国家や警察によって「誰それと付き合うな」などということを言われたくないというのが、僕がこの席に座っている最大の理由です。

■会津小鉄・高山さんの発想

鈴木邦男（一水会顧問）

僕はヤクザは嫌いですし、また、ヤクザに限らず右翼や左翼や宗教やそういう人たちが暴力でもって自分たちの意思を通そうとすることに反対します。まぁ自分自身はかつてそういうことをやっていましたから（笑）、言いますけれども。暴対法ができたのは二〇年前です。そのとき僕はよくわからなかったです。まぁ、ヤクザを取り締まるんだったらそれはいいだろうと思っていました。というのは自分自身も右翼の中にいて、ヤクザの人に脅されたりすることもいっぱいありましたし、それで、そういうことを言いながら暴力もいっぱいやりました。でも当時、野村秋介さんという先輩と、それから遠藤誠という弁護士と、その二人が中心になって、これはもう治安維持法と同じだと、今、ヤクザに警察は目をつけているけれども、その次は右翼、左翼に来るんだと、だからこれは我々の問題なんだと、だから絶対反対しなくちゃいけないということで、反対運動をさせられました。僕は嫌でした。

何とその右翼とヤクザと左翼がいっしょになって集会をしました。さらにデモもしました。こんなのは変だなぁと思いながらやりました。新聞にはこれはマンガだと書かれましたし、僕自身もこれはマンガだなぁと思いました。ただ、そこの中で、非常に勉強になったのは、ヤクザの人たちが、俺達は暴力団ではないと、日本の義を守るために、弱きを助け強きを挫くためにやっているんだと。僕なんかはそれに反対しまして、いやぁそんなふうには見えないと。だったらもうヤクザという名前を辞めたらいいんじゃないかと、市民運動になればいいじゃないかと、そういうことを言ったことがありました。

とにかくそのときはその三派連合の中で、いろんな討論ができました。それから田原さんが中心になって「朝まで生テレビ」でもやりましたし、それで、先ほど、会津小鉄の高山さんの話が出てましたけれども、高山さんとも京都まで会いに行きました。そしたらこんな話をしたんですね。

これはいいチャンスだと。これをきっかけにして、我々ヤクザも変わらなくちゃいけない。我々は暴力団じゃないんだ。あくまでも任侠道を貫くんだ。だから一般市民には迷惑をかけないんだ。だからそれをきちんと証拠を示すべきだと、自浄努力をすべきだと、自分たちが。どういう自浄努力をするかというと、我々は一切堅気の人に迷惑をかけないんだから、もしヤクザによって迷惑をかけられているならば、我々に言ってくれと。我々だったら怖いかもしれないけれども、我々が集まって第三者の機関を作る。ちょうどタクシーの近代化センターのようなものを作るんだと。それで誰にも文句が言えるようにすると。

これは素晴らしい発想でしたね。そういうことが出来つつあったんですね。僕はこういうふうに、ヤクザに対して文句が言える、また、ヤクザの人たちも文句を言える、そういう社会ができたら、かなり変わると思うんです。

戦前はヤクザの親分が国会議員になりましたよね。それは今から考えるとマンガだというかも知れないけれども、僕はそっちの方がもっともっと風通しがいいし、また、その暴力に対してもみんな抗議できるような、そういう体制ができると思うんですね。

今、警察は暴力団は一切ダメだ、一切解散せよというけど、じゃあ、どうするのかと。受け皿なしにやっている。たとえば、明治維新の時はサムライがなくなって、そのサムライを警察が随分と引き受けましたよね。だからもし警察が全部ヤクザを解散させようとするならば、その人たちは、じゃあ、俺達が全部面倒見ると（笑）。そういう義のために闘う人、義のために命をかける人なんだから、警察や自衛隊が優先的に受け入れると、それぐらいやるべきですよ。それがなかったら地下に潜るだけですよ。危なくて仕方がない。

もっともっと風通しのいい社会を作る。さっき言ったような近代化センターだとか、そういうのを作る。また、そういうヤクザの人たちの話を聞いて、彼らがきちんと合法的に生きられるような社会を作るべきだと思うんです。またそういうような討論が二〇年前には随分とやられたわけです。ところが今は全然無い。

田原さんが言われたように、マスコミもだらしがない。これはやっぱり非常におかしな話だと思います。

■ヤクザがいいのかマフィアがいいのか

宮台真司（社会学者・首都大学東京教授）

＊「警察問題」よりむしろ「新住民問題」

ここ二年で一挙に全国化した暴排条例、あるいは二〇年前に施行された暴力団新法、そして間もなく国会審議に入ると予想される新暴対法の本質は、第一に〈過剰に包括的な規定による境界線の曖昧化〉であり、第二に〈全体を見ない新住民的な排除の論理〉です。

第一の問題については、既に今回も指摘されるように、暴力団への便宜の供与などという未規定な概念を用いることで、合法違法の境界線がその都度警察の行政的裁量に委ねられるようにし、関連企業の天下り先など、裁量権を元にした権益を増やす機能があります。

それは自明なので、社会学者の役割上、第二の問題に照準します。これは、日本社会がここ四〇年間にどう変質してきたのかに関わり、かつ、ヤクザ（違法領域で活動する可視的集団）とマフィア（違法領域で活動する不可視の集団）のどちらが良いのかに関連します。

第二の問題を掘り下げると、暴対法や暴排条例問題に関するナイーブな警察悪玉論に一定の疑問符がつきます。問題の核は警察問題よりむしろ〈新住民問題〉ではないのか。更に言えば〈社会劣化問題〉ではないのか。そう理解すれば本質的な処方箋が分かります。

一九七七年に三重県で「隣人訴訟」が起こります。隣家に子供を預けて出かけた夫婦が、その間に子供が池で溺れ死んだ件で、隣家の夫婦を訴えたものです。全国から訴えた側に批難が集中し、控訴を取り下げた結果、八三年に一審判決で確定しました。

判決内容は隣家や事業者や行政にさしたる責任はないとするものでした。でも世の中の動きはこの間に逆転し、何かというと設置者責任や管理者責任を問う訴訟が陸続した結果、屋上や放課後校庭のロックアウト、小川暗渠化、遊具除去の動きが八〇年代に進展します。

丸山真男的図式を使えば、こうした〈クレージークレーマー（以下ＣＣ）〉は地域共同体が空洞化した帰結です。空洞化がなければ、第一に〈ＣＣ〉の大声は地域の総意に囲い込まれて効力を失い、第二に〈ＣＣ〉を生む孤立と抑鬱が包摂によって緩和され得るからです。

地域共同体空洞化は、八五年施行の風営法改正と、新風営法対策として八五年に始まったテレクラにも見出されます。テレクラ拡大は地域との縁がさして深くない新住民の分厚さを前提とします。実際に同時代といえばワンルームマンション化とコンビニ化の時代でした。

その頃から地域の組事務所をどけろ、エロ本自販機をどけろ、店舗風俗をどけろ…といった動きが拡がりますが、そうした流れの延長線上に九二年の暴対法施行があります。〈見たくないものを排除せよ〉は権利の一つであり得ても、社会全体を見ないことに繋がります。

九五年になると、若者たちが踊るために集うクラブを風営法の終夜営業違反で摘発せよとの声が出てきます。これについて僕は、ＮＨＫのＥＴＶ特集枠で、クラブが「良い子」の重大な居場所になっている事実を描くドキュメンタリーを作り、摘発の動きを抑止しました。

ところが同じ頃にピークを迎える援助交際への反発から、九六年の岐阜県議会の動きを皮切りに青少年条例改正（テレクラ排除、未成年との交渉の厳罰化など）が進み、九九年の児童ポルノ法や再改正風営法（営業地域限定化、年齢確認厳格化など）の施行に繋がります。

その流れ上に今世紀には東京都を皮切りに店舗風俗の取り潰しの動きが全国化し、各地でちょんの間街が消え、派遣風俗（デリヘル）化の動きが加速します。地回りのケツ持ちがないので、働く女性が生本番競争による性感染症と暴力の危険に晒されるようになります。

暴排条例全国化はこうした七七年以降の動きの延長線上にあります。これら〈見たくないものを排除せよ〉の流れは、まずは冒頭第一の警察利権拡大をもたらしましたが、警察の謀略というより新住民化＝共同体空洞化こそが最大駆動因で、警察はそれに適応したのです。

加えて、〈見たくないものを排除せよ〉の流れが、「世界のどこより〈安心・安全・便利・快適〉で、どこより幸福度が低い」事態を生み出しました。日本人の幸福度は世界で七五位〜九六位を低迷。英国四倍の高自殺率。孤独死や無縁死や乳幼児虐待放置を誇ります。

社会全体を見ようとしない〈見たくないものを排除せよ〉の流れは、異質に見えるものの神経過敏的排除を通じて、裁量行政を背景とした警察権益拡大をもたらし、行政依存による地域環境劣悪化を帰結し、〈安心と安全〉と引換えに〈幸福と尊厳〉から遠ざかりました。

グローバル化＝資本移動自由化を背景に人は不安になります。不安から逃れたいからますます悪者探しにかまけます。不安なのは、中国人がいるから・風俗があるから・組事務所があるから…。〈CC〉が激増し、上っ面と引換えに行政依存が拡大し、不安が増大します。

＊「後は野となれ山となれ」の国辱的選択

社会全体を見るとはどんなことか。僕がフィールドワークする沖縄の風俗を見ましょう。ここ二年で有名な新地の色街（真栄原と新吉原）が壊滅、古い色街（辻）に集約されました。なぜ辻がつぶされないか。警察がこの色街の機能を弁えるからです。詳しく説明します。

沖縄は初婚が若く、DVを背景に若年離婚も多く、連れ子がいる二〇歳そこそこのシングルマザーが多数います。でも沖縄は強力な血縁主義社会。父系血縁の長子相続制ゆえに連れ子が男児なら再婚できない。実家に戻りたくてもやはりDVなどで戻れない場合もある。

全国一低所得の沖縄。子連れシングルが働く場はない。数少ない選択肢の一つが風俗労働です。事情を弁えたブローカーがナイチャー客だけ相手にできるようにします。ナイチャー価格はウチナーの倍。ブローカーが彼女たちを守るため。警察はそれを知っています。

新地の色街つぶしもやはり新住民化が背景です。辻への集約は最古の色街ゆえに周辺の「理解」があるからでもあり、警察が事情を「理解」するからでもある。ちなみに古い色街ゆえに、子が母親を訪ねてきた際、母親が風俗嬢だと気づかずに済む工夫もあります。

辻を潰したらどうなるか。子連れシングル母に働き場所がない。だからアングラで売春を続ける。でも守ってくれてきたブローカーはもういない。価格境界線にせよ、市場境界線にせよ、情報境界線にせよ、ブローカーなくしては維持できない。彼女らは不利益を被ります。

こうした事情を弁えるウチナーはもういません。僕が客として現地に入ってリサーチしてもこうした事情は分からない。ブローカーにケツ持ちしてもらい、ブローカーに尋ねて情報を貰うことで初めて分かります。実は警察が色街の情報を採る場合も、実は全く同じです。

別の例。ストーカー防止法施行以前、ストーカー被害を警察に相談すると、事件が恐いから相談してるのに、事件が起こらないと動けないと言われた。関西や九州の人なら、暗にヤクザを使えというメッセージと受けとめ、ヤクザに電話をして三〇分でカタがつきました。

売買春非合法化以降の色街の秩序をヤクザが担ったように、法整備が不十分なストーカー問題をヤクザが処理できたように、事情を知らない新住民には目障りでも、一定の機能を果たすものがあります。代替機能の調達を考えない〈見たくないものを排除〉は無責任です。

社会全体を見る意味がお分かりでしょう。それを踏まえると売買春に関わる社会秩序維持には三つ選択肢があります。第一が〈管理売春合法化〉。第二が〈売春禁止とヤクザ温存〉。第三が〈ガチンコ化によるヤクザのマフィア化〉。簡単に説明します。

第一の〈管理売春合法化〉は、女性を性感染症や暴力から守ろうとするオランダのやり方で、売買春を非合法化しても市場規模が変わらない事実を踏まえます。ちなみに市場規模が変わらないのは、禁止するとサービス単価が上がり、参入動機が逆に強くなるからです。

第二の〈売春禁止とヤクザ温存〉は、多くの国が採用する方法です。売買春が非合法だとトラブルが発生しても店も客も警察を呼べない。これだと秩序維持ができないから、警察の要請もあってヤクザが色街に入り、警察はお目こぼしと引き替えに情報を得ます。

お目こぼしと引き替えに金銭を狙うダメ警官も出てきますが、単なる歩留まり問題（程度問題）で本質的じゃありません。ところが八〇年代以降、新住民増大を背景に、こうした警察とヤクザの協働を、癒着として糾弾する動きが全国化します。既に紹介した通りです。

第三の〈ガチンコ化によるヤクザのマフィア化（不可視化）〉。新住民化を背景にした動きですが、現時点でも二つの問題が浮上しています。一つは、北九州で一般市民を巻き込む戦争に発展しているように、手打ちなきガチンコの社会的コストが極めて大きい事実。

もう一つは、非合法化しても規模が小さくならない違法領域で、弱者の不利益が増大しがちなこと。風俗嬢が被る生本番競争と暴力の例を挙げましたが、先に紹介したオランダでは、性売買と同じ理屈で薬物売買の一部を合法化して、当局による管理対象としています。

アンダーグラウンド領域は、たとえ新住民が祈っても、永久に消えません。結局、①合法化して国家が管理するか、②非合法化してヤクザ（可視的集団）が管理するか、③ガチンコ対決でマフィア（不可視集団）が管理するかしかありません。どれを望むのか。

〈見たくないものを排除〉の新住民的流れに任せれば、マフィア化（不可視化）を帰結します。マフィア化は、手打ち不能化によるコスト増と、弱者の不利益増大を伴います。それを頬被りして〈見たくないものを排除〉に固執するのは〈後は野となれ山となれ〉と同じ。

そう。原発問題と同じ。大飯原発再稼働問題における「大停電か原発再稼働か」の二者択一で日本は国辱を晒しました。先進各国の議論はこうです。大停電は規定可能（ゆえに対処可能）なリスク。原発事故は規定不能（ゆえに対処不能）なリスク。二者択一は不可能。

あえて二者択一化して原発再稼働を選べば〈後は野となれ山となれ〉を選ぶのと同じで、たとえ民主的決定であっても倫理的に許されない……ドイツのメルケル首相が招集した原子力倫理委員会の結論で、それを元に実際ドイツは二〇二〇年までの原発廃止を決めました。

「大停電か原発再稼働か」の二者択一化が〈後は野となれ山となれ〉という国辱的選択なのと同じく、暴排条例全国化や新暴対法化が意味する「ヤクザのマフィア化」も全く同じ〈後は野となれ山となれ〉の選択です。それを恥じないで良いのか。また恥を晒すのか。

「マスコミがお前たちは悪いと言っているぞ」

宮崎学（作家）

最近、いわゆる生活保護の問題で、お笑いタレントのお母さんがどうだこうだという論争がかなりなされるようになっています。僕は同じ姿を、この暴対法が出てきた昨年の島田紳助バッシングの中で見ていたわけですね。メディア先行型の世論作りと法案づくりという、そういう方向というのが、特に警察に関わる情報、法案の場合は、こういうパターンが非常に多いのが一つの特徴だと思います。

じゃ、その生活保護の問題で警察はどのような形を取っているのかということを考えると、これはもう明らかでありまして、不正受給をしている人たちを見つけるのは我々の仕事であると。よって不正受給している人たちを排除するためには、我々の天下り先をすぐに認めろと、こうなっていくのは火を見るよりも明らかな状態だと思います。

ここにも、生活保護を受ける人たちに対する、根本には先ほど宮台さんが言いました排除の論理が強く働いているんだと思います。

もう一つ、全然違った話になりますけれども、今回の暴対法改定案が出てくるときの警察庁の発表の目的ということの中にはですね、暴力団取締のいろんなことがあるんですが、思いだしていただきたいのは「通信傍受の強化」とそれから「囮捜査」、「司法取引」を認める、こういうふうなものをみんな認めてくれなければ、警察は能力を発揮できませんよと、よって暴対法を作りましょうと、こういうふうな話になるんです。

今の段階では、通信傍受の強化とか囮捜査とか司法取引ということはこの暴対法改定案の中には出てきていないかのように見えます。しかしながらこの改定法案をよく見ますと、またあとの、現実の捜査の進行状況を見ると、その司法取引なり囮捜査なりはもうずいぶん現実に行われているし、それから通信傍受というのはそれこそ裁判所の証拠としては出せないものの、十分すぎるぐらい十分にやっているのが現状だと思います。

そのように、暴対法の改定の一番のポイントは、警察の捜査能力の低下を法律のせいにして、だから法律を強化すれば犯罪がなくなっていくという、嘘のような、童話の世界の話が根本にあるんですね。

もう一つ問題提起しておきたいのはですね、この改定暴対法なり暴排条例の中身で、僕が一番気にするところを申し上げます。

それは、すでに、一カ月ぐらい前に新聞にも報道されたと思うんですけれど、三重県のある神社で、ヤクザの人が灯籠を建てた。それはけしからんということで、その灯籠を退けろと、こういう話になったわけですね。それは暴排条例ができる前の話ですよね。仕方なく、ヤクザの人の名前を書いたものを、裏に持って行って、灯籠そのものはかろうじて存在しているんですが、それもその神主のかなりの抵抗によってできているんですね。

僕がここで思うのは、さきほど青木さんがおっしゃられたようにですね、信仰とか趣味とかいうものは人の内心に関わる、内心の自由に関わるところなんですね。そこに公権力が介入するべきではない。これはもう当たり前のことなんですが。ここに権力の介入が露骨に出てきているし、露骨に出ていいというのがこの暴対法の改定案であると、そういうことから、どうしても認めることはできないものとしてある。

小谷野さんからもありましたように、労働組合が団体交渉をしたら、天下りの警察官が出てきてという話があったと思います。そのときに、彼ら、つまり出てきてその説明をする人の一番典型的な論理が今、聞くことができます。福岡県における検問の状況を、ユーチューブで流しているんですね。四時間半検問していて、その中の一部が流れているんですが、「お前たちは悪い奴じゃないか」と警察官は言う。「いや、俺達何も悪いことはしていない」と抗弁すると、「マスコミはお前たちは悪いと言っているじゃないか」ということを言っています(笑)。それが、今のまさしくマスコミと警察との蜜月関係を示す典型的なものであるわけです。たとえば、労働組合でも団体交渉に来るようなところに対しては、「みんな悪い奴だと言っとるじゃないか」というような言い方がベースにあります。

＊国民がそれを望んでいる、という可能性

これを宮台さんが先ほどおっしゃったように、厳罰化していく社会の構造というものは、後期近代の特徴であるというふうにいわれているわけです。厳罰化社会というものは、国民の側から求めてそういうのができてしまっている、という可能性が非常に高い。僕は、小沢さんの判決と、それから控訴の問題について言ったんですが、小沢さんに検察審査会があの行動を取ったのはですね、何も政治陰謀論的な部分ではなくて、国民がそれを望んでいる可能性もある。国民が望むようにしていく、されている今の社会の構造と、国民の意識の問題、というようなところでとらえていく必要があるのではないか。

なぜかというと、暴対法のこの問題と関係づけて言いますと、今回の暴対法改定案は、小沢さんの秘書の石川さんの判決の中にあった、「推認」の論理なんですね。全部推認なんです。この暴力団がこういうふうなことをした、と推認される場合は、それを徹底的に取り締まることができる、と。

それは罪刑法定主義に完全に反することでありまして、今までの日本の近代法の精神をも否定するようなものになっている。僕らが暴力団を応援するとか応援しないとかそういう理屈の話じゃなくてですね、現に今、いろんなところで使われている権力側の論理が見え隠れするところというのは、最終的には、先ほど申し上げたように、公が個人の内心の中まで入ってくる、それをまた国民が拍手喝采して、それを認めている。そういう状況というものに強く反発しております。

私たち表現者がこの問題に最初声を上げたとき、その流れはすでに始まっておりまして、もう、いわゆる実話雑誌の表紙からヤクザの親分の顔は全部なくなりました。なくなった替わりに、出てきた顔は先ほどいらっしゃった田原総一朗さんだったり、その次の号には吉本隆明さんが出ていたりと、

そういう虚しい抵抗をしているのが実話系雑誌の状況であります。ところが、それは、誰を表紙にしていいか悪いかなんていうのは表現の自由なんです。そこのところに配慮しなきゃいけなくなってきた状況、配慮しなきゃいけなくなるであろうことについて我々表現者の側は反対するという声明をしたのでございます。

で、どちらにしても、二〇年前の状況と今の状況とでは、悪くなったようにみえても違った面もある。それは、二〇年前、僕は暴対法が成立するときに反対しました。これは全党賛成、全員一致。審議されたのは衆参あわせて八時間ぐらいだったと思います。ところがこの二〇年間の中で、警察官僚という組織がいろいろな問題を起こしてきて、警察庁が先日、特別調査委員会を立ち上げて、警察官の不祥事、これ、一月から三月までで、一一〇件起こっているわけですね。ということは一日に一回警察の不祥事が起こっているということで、警察官僚に対するその見方も二〇年前と今では大分違ってきているところもあるので、やはり、この暴対法改定案については、徹底的な審議をして、矛盾点を明らかにして、止めればいい、と私は思っております。

そのために、今日ご参加の皆さんのお力をどうしても借りて、その方向に向かって行きたいと、そういうふうに思っております。

■二階から目薬差したってダメ

村上正邦（元労働大臣）

今、お話を聞いていましてね、私は立ち上がるつもりはなかった。まどろっこしい、皆さんの発言を聞いていて。この暴排条例にしても暴対法改定にしても、これは表現者の集まりだからいいかもわかりませんが、これは政治の問題なんですよ。政治の責任なんですよ。そう思いませんか、皆さん？ですから私はね、議連を立ち上げてもらいたい。自分らの選挙のためであれば、雨後の筍のように超党派の議連が立ち上げられるのに、こういうことになってくると、全然、腰が引けているじゃないの、国会議員は。私は情けないと思う。

私はいろんな先生方に陳情をしてまいりました。かっての私は村上天皇と参議院時代言われた。昔は呼びつけてやれと言ったらやれた。今はそんなことはできる器じゃありません。

しかし私はやっぱり、政治というのは国民のためにあるんでしょう？　皆さん。その政治がいったん権力を持ったら、その権力で、その国民を圧迫するじゃありませんか。そんなバカなことを許していいんですか。国民を絞り上げていいんですか。あなた方は国民を殺していいんですか、こういう国民を。私はやはり、そういうことを思ったときに、政治に権力はつきものです。これは認めなきゃなりません。しかしその権力を国民のために行使してもらいたいんですよ。そのためには皆さん、議連を拵えてもらおうじゃありませんか。

二階から目薬を差すようなことをやったって、間に合いませんよ、暴排条例なんてのは。我々は暴力を肯定するものではありません。絶対暴力は否定します。私は福岡県の出身ですよ。幸か不幸かという話が出ているけど（笑）。

田原先生は、マスコミがとおっしゃられたけれども、一番だらしないのは国会議員ですよ。何のためにここで皆さん集会をやっているんですか。なら、国会議員がもう少し与党も野党も…自民党、誰も来ないじゃない。民主党も誰も来ないじゃないの。せっかく皆さんが参議院会館を借りて、この集会をやっているんですよ。

私は今日のこの集会で、国会議員連盟を組織してもらいたいという要望を、皆さん方に決議してもらいたい。もうとにかく聞いていてまどろっこしくてしょうがない（笑）。だらだら、だらだら発言している。皆さん、目薬を差すなら目の上に目薬を持って差さなきゃいけませんよ。二階や三階から差したって、警察は痛くも痒くも何でもありませんよ、何にも応えない、皆さん。そのことを知っていただきたいと思います。以上です。

■『ヤクザに弁当売ったら……』を推薦する

照屋寛徳（社民党衆院議員）
久し振りに村上天皇の元気なお声を聞きました。しかし村上先生、国会議員がだらしないと言うんだが、社民党は違いますからね（笑）。
ぜひお集まりの皆さんに、宮崎学さんが書いた『ヤクザに弁当売ったら犯罪か？』という「ちくま新書」。僕も読みましたけれども、この暴排条例、暴対法改正の問題、この本を熟読玩味すればよくわかりますので、お買い求めの上、読んでいただきたいと思います。この本、全国会議員が読んだら、村上天皇がおっしゃった議連どころか、この法案の成立はないと思います。
私は弁護士でもありますので、こういう暴排条例、それから暴対法改正などの法律ができて、そういう社会が実現すると、まちがいなく、暗黒の警察国家になると思います。今の社会の中では権力に楯突く者、それから、権力から睨まれる者は、みんな反社会勢力ですよ。そうすると私を含めてウチナンチュはみんな反社会勢力みたいな者ですけれども、弁護士の立場でもこの暴排条例、暴対法の改正法は明らかに罪刑法定主義に反するものであり、現行刑法の構成要件を無視して、行為を罰するんじゃなくして、身分を罰する、それが故に内心の自由や表現の自由まで侵害をしていく、そういう悪法であろうと、こう思います。

村上先生からも叱咤がありましたので、私たち国会議員も一生懸命皆さんと連帯をして頑張りたいと思います。

■監視国家をひしひしと実感

吉田忠智（社民党参院議員）

私の地元は大分ですが、すぐ近所に住んでおります県警の刑事部長をやっていた方が去年、退職してですね、地元のデパートに再就職をしました。この前、ちらっと会った時、「デパートにもいろいろありますからねぇ、私のような者も必要なんです」という話をされていました。

退職したＯＢの方が民間に行ったり、あるいは、最近、県庁や市役所でもこれよくやっています。現役出向が全部、警察から出ております。工事の契約検査をやるとか、あるいは産業廃棄物とか、福祉の関係とか、非常に領域が広がっております。私もひしひしと警察に監視をされる国家になっているなぁというような実感をしております。

暴対法改定の関係で、他の党、議員の方とも話をするんですが、すぐ言われるのが「なかなか反対しにくいもんね」って。「暴力団の取り締まりを強化する法律になんで反対するのか」って、すぐに言われそうだって。
この間、皆さんが一生懸命、国会の前でビラ配りしていただいて、徐々に国会議員の皆さんも、「ああそうか、問題があるんだな」ということを理解しつつありますが、まだまだであります。村上先輩が言われるような、議連まで作れる状況にはまだなかなかなっていませんけれども、それができるくらいにですね、この問題点を、理解を広める、そうした努力がやっぱり必要だと思っています。私も皆さん方と共に、こういった改定案が通らないよう全力で闘い抜く決意を申し上げまして連帯の挨拶にかえさせていただきます。共にがんばりましょう。

司会　衆議院議員の民主党の工藤ひとみさん、社民党代表の福島みずほさんにもおいでいただきましたが、時間がなくて帰られました。申し訳ありません。小谷野さんから補足があります。

■「国民の責務」登場するのは怖い

小谷野　さきほど青木さんがおっしゃった都の条例には、都民の責務等と書いてあるんですが、今度の改定法には、「事業主の責務」という条項が新設されています。「国民の責務」と書かれる日が来るのもそう遠くはないのではないでしょうか。そういう意味で言うと、内心の自由が侵されるどころじゃなくて、あれやれ、これやれと、法律によって強制される恐ろしい仕掛けになってるんですね。
で、暴対法をもう一回読み返してみると、実は警察の天下りがたくさん出てきているのは、昔の暴対法が九一年に出来たときに、「事業者への援助」という中に、暴力団を排除するための専任の責任者を置きなさいと書いてあるんですよ。あ、そういえばこんなことが書いてあったよ、と。だからOBが増えるんですよ。ゼネコンとかに行くと、講習を修了しましたと、あるいは、うちは暴力団と縁を切りましたという宣言をしましたというステッカーとか表彰状が飾ってありますでしょう。ああいうのはみんなかつての暴対法の事業者の責務にのっとって、専任の責任者という、要するに企業の営利活動にあまり役に立たない奴を一生懸命作れ作れといって、自分のところで作る力がなければ、暴追センター、暴力団追放運動センターから紹介しましょうといって天下りが入るという、そういう仕組みになっているんですよ。

それが今回は「事業主の責務」のところでもっと強化されるわけです。取引についても全部審査してですね、あの取引ダメ、この取引ダメって必ず暴追センターが、あるいは専任の責任者という名前でOBが全部審査するようになっているんです。これが、先ほどご紹介した東京弁護士会の中にある資料のマニュアルなんですね。それだけじゃないんです。すでに条例には入っている、「国民の責務」が入るところがやがて凄いことになる。なので、そういうこともこれから、駆け足で我々ももうちょっと理論武装して、この法案については、徹底審議というからには、弾をいっぱい揃えてやらなきゃいけないというふうに思いました。

※司会　私、先日、団体交渉でIT業界、ネット産業で大活躍している企業の団体交渉をやったんですが、そこに何と、警察庁情報管理部の出身の情報官が天下りで来ていて、団体交渉の先頭に立ってた。良く調べてわかったんですよ。そういうことがもう次々に起きてくるという時代になっていると思います。それから、生活保護のことが問題になりましたが、関西の生活保護の末端の行政には警察OBが全部入り込んでいます。警察の方が受給者を全部つけて歩いている。もう生活保護をもらうこ

とは警察の監視下に入るということになってしまっているという恐ろしいことになっていて、これは精神科医のグループやなんかが署名集めて、これを止めさせようということになっていますが、大変なことだと思います。

非常に困難なことがたくさん発生していますが、みんなで、先ほど提案されましたいろんな発言の中にあることも含めて、私たちや、私たちの社会、私たちの共同体の在り方も全部含めて、もっと強い絆を作りながら、生活に警察が入り込めないように努力したいと思っているし、排除しないで、受け入れて、みんなで生きていけるような社会を作るために努力したいと思っています。最後に集会のまとめを。

■これからの決意

高井晃（東京ユニオン）

まとめなどという大層なことはできませんので、感想を言わせていただきます。実は私、最近、ほんとにザワザワと気持ちが悪いという感じが日々するんですね。今回の暴対法問題もそうですし、あと、好き嫌いがあるけど、大阪辺りの方から、僕は大阪出身なんですけれども、大阪の方から何か騒いでいるやつがいてですね、ともかく、いい悪いの判断はすべて権力がする。さっき話が出ましたように、誰と付き合うかも国家権力が決める。とてもじゃないですけど、耐えられないですね。まぁ私に言わせると、古いかもしれませんが、やっぱり、一九二〇年代の後半から三〇年代のドイツにすごくよく似ているような気が、僕はしています。

これはまた皆さんと議論したいと思います。しかし少なくとも、今回の暴対法の問題ではっきりしているのは、ヤクザというようにお上がレッテルを張ったら、あらゆる市民生活から平気で排除されてしまう。つまり、異端なもの、異質なもの、権力がこれはダメだと言ったらその人たちはもう最低限の国民の基本的権利さえなくなってしまう。そのことはですね、そういった指定した人に関わらず、大きな意味でやっぱり権力が末端まで我々を支配するという構造になってきている、すでになっているのではないかということです。

先ほど村上先輩からの強力な喝もありました。実はこの会というのを作ったのも三人しかいないんですね、まだね（笑）。他の労働組合の皆さんも、若干お見えですから、ぜひ、賛同して下さい。労働組合的にいえばですね、これは結社の自由の侵害であり表現の自由の侵害なんです。すべて、警察にお伺いを立てなければ生きていけないような社会、こんなものまっぴらですから、いろんな志の人たちと一緒に手を携えて、これは徹底的に慎重審議をして、このような警察監視社会をさらに強化するようなものはやらせないという立場で頑張っていきたいと思います。

【第二回院内集会レポート】（二〇一二年六月一四日）

ひきつづき国会議員、弁護士たちが意見表明

【集会での発言者】糸数慶子（参議院議員）、海渡雄一（弁護士）、小谷野毅（全日本建設運輸連帯労働組合書記長）、福島瑞穂（社民党党首）、齋藤三雄（フリーライター）、高井晃（東京ユニオン）橋本勉（衆議院議員）、宮崎学（作家）、山下幸夫（弁護士）、吉田忠智（参議院議員）

二〇一一年十月に全国の都道府県で暴力団排除条例が出揃い、暴対法改定案が公表されたことに対し、これに反対する作家やジャーナリストが反対声明を発表、弁護士や労組が賛同して集会や勉強会を各地で開催し、さらに社民党が政党として正式に反対を表明するなど、過去にはない展開もあった。

六月一四日に参議院会館内で行なわれた「暴排条例と暴対法改定に異議あり六・一四集会」（主催・暴力団排除に名を借りた警察の天下り量産法に反対する会）にも二名の弁護士と四名の国会議員が出席した。

社民党の福島瑞穂党首は「今回の改定法案と自民党の憲法改定案は通じるものがある。国民は常に公益および公（おおやけ）の秩序に服する責任があり、基本的人権は公益および公の秩序によって制限できるというものだ。さらに公益および公の秩序に反する結社の自由を認めないことも問題」と警鐘を鳴らした。

糸数慶子参議院議員は、「改定法案は結社の自由を侵し、憲法違反のおそれや、警察が『暴力団』とレッテルを貼った人間への人権侵害のおそれ、警察官の天下りの合法化などいろいろ課題がある」と指摘、吉田忠智参議院議員は「皆さん方の頑張りで、議員会館の前のビラ配りや院内集会によってだいぶこの問題点は広まっている。国会議員の中にも、こういう問題もあるのか、という声もだんだん出てきている。私も、この暴対法を改悪、改正を許さない、暴排条例を許さない、そうした立場で一緒に皆さん方と取り組んでいく、闘っていきたい」、橋本勉衆議院議員は「暴力団など反社会的勢力の規制は必要だが、市民を巻き込む規制は問題。バランスよく解決して行きたい」とあいさつした。このように多くの国会議員が問題視していることは注目したい。

日本弁護士連合会刑事法制委員会事務局長の山下幸夫弁護士は、「今回の改定では行き過ぎた団体規制に及ぶ可能性が高く、労組や市民団体が規制対象となる可能性がある。これは憲法二一条の『結社の自由』を侵害する恐れがあるにもかかわらず、議論もないまま国会で成立することはいちばんの問題。将来は政治団体などが反社会的勢力と見られて適用される恐れがある」と述べた。

また、海渡雄一弁護士は「現在も法令遵守のために警察OBの天下りを受け入れる企業は多い。法案には不当要求による被害の防止を企業に求めているが、暴力団関係者と知らずに取引する可能性もある。実際に暴力団排除条例によりこのような企業が公共事業の指名から除外されて倒産したケースもある」と指摘した。

また、作家の宮崎学氏は「暴対法改定も原発再稼働の問題と同じで、全政党がほとんど翼賛的な方向に動いている。すなわち『国の根幹が崩壊したら大変だ』という理屈。暴力団排除という建前の下では政党などはどうしても異論を唱えられない翼賛状態になってしまいがちなテーマなわけなんですね。このような問題こそ実は大きな問題を縷々含んでいるということが多い」と話した。

実話雑誌を中心に執筆活動をしているフリーライターの齊藤三雄氏は「このままいけば『ヤクザは息をするな』ということになる。その辺はヤクザ側も納得しているところはあるが、家族や友人知人まで巻き込むのはひどいという声が多い。一方で、現場の警察官は捜査に支障が出ており、非常に混乱している。そして、私たちライターや出版関係者の側はものすごい自主規制が進んでいる。憲法違反も暴力団に限って認められるということで、様々な治安立法に発展していくと思う」と強調していた。

【4】暴排条例・暴対法の現場

その1 「あの石灯籠を撤去せよ」
――「花の窟（いわや）神社」事件とその後

齋藤三雄

「世界遺産・熊野古道に一大事！」

今年二月、山口組をめぐる注目すべき記事が報じられた。これは、写真週刊誌「フライデー」が最初に報じ、これを大手マスコミが後追いしたもの。

「フライデー」は、「世界遺産・熊野古道に一大事！暴排条例で三重県警の指導が入った　灯籠に刻まれた山口組・司組長の名前が削られた」とのタイトルを打った。

世界遺産に登録されている熊野古道の「花の窟（いわや）神社」にある、山口組の司忍六代目と高山清司若頭の名が刻まれている石灯籠を撤去するよう、三重県警が指導しているという内容だ。

三重、和歌山、奈良の三県にまたがる熊野古道を含む「紀伊山地の霊場と参詣道」は、二〇〇四年七月に世界遺産に登録され、同神社もこれに含まれている。

「日本書紀」によると、皇室の祖先とされる天照大神の母神であるイザナミノミコトの墓とされ、日

本最古の神社といわれる。

社殿はなく、高さ約四五メートルの巨大な岩を御神体としており、自然崇拝の太古からの遺風を残している。それゆえ、パワースポットとしても人気があるという。

報道などによると、世界遺産に登録された翌〇五年の三月、氏子を通じて司忍六代目と高山清司若頭が二対四基の石灯籠を寄進した。灯籠となったのは、「夜の境内が暗いので」という、神社側の要望だったという。

当時、司六代目は山口組若頭補佐で弘道会会長、高山若頭はその弘道会の若頭で山口組直参ではなかった。神社側には、ヤクザだという認識はなかったという。

ところが一〇年夏、三重県警が「暴力団の活動を助長するおそれがある」として、灯籠の撤去するよう「指導」。神社側は「暗い参道を照らすのに必要」としていたが、再三にわたる指導を受け、一一年一一月、司六代目の名を削って、参道から見えないところに刻み直し、高山若頭の灯籠は反転して、参道から名前が見えないようにしたという。

三月一九日付「朝日新聞」夕刊には、この騒動をめぐり、二つのコメントを掲載している。ひとつは三重県警組織犯罪対策課の担当者で、「暴力団排除を進める中、世界遺産である神社に暴力団関係者の灯籠があるのは見過ごせない」と、今後も撤去を求めていく考えを示したもの。

もうひとつは、神社の責任者で、「誰であろうと寄贈してくれた人の名前を勝手に削るのは失礼。警察の求めもあり、参詣者から絶対に見えない裏側に名前を彫り直した。町内の氏子から灯籠を取り除いたほうがいいという声が上がれば、そうするしかない」と、騒動に戸惑った様子がうかがえる。

その後、どうなったかを知りたくなり、現地を訪ねてみた。

ひっそりと立つ司六代目の寄進した灯籠

花の窟神社は、名古屋から特急電車で約三時間のJR熊野市駅で降り、タクシーで五分ほどの所にある。

神社の向かいには、四月二〇日にオープンしたばかりの、桧（ひのき）造りの茶屋が並び、多くの観光客で賑わっていた。

「世界遺産に登録される以前は、地元の人ぐらいしか来なかった。それでも由緒ある神社ということで、右翼やヤクザの人たちが来ることはよくあって、笹川良一さんがヘリコプターで参拝に来たという話もあります」（茶屋に土産物店を構える店主）

さて、「日本最古　花の窟神社」「史跡　花

乃窟」と刻まれた古い石碑を眺めながら、小さな石の鳥居をくぐって参道に入った。

四〇メートルほどの参道は樹木に覆われており、好天にもかかわらず、日差しを感じることもない。参道の入口付近には、古い石灯籠三対六基が並ぶ。うち二対は「昭和一二年」に建立されたものだ。

そして、司六代目と高山若頭が寄進した灯籠は、参道の中ほどに立っていた。御神体の前に出る建物の前にも一対二基の灯籠があるが、司六代目と高山若頭の灯籠がなければ、夜になるとこの付近は真っ暗で、足元に注意しなければならないと実感する。

手前側にあるのが、高山若頭が寄進したものだった。参道に面して「奉献」、その裏側に「名古屋市　高山清司」と刻まれている。

その奥にあるのが、司六代目の灯籠。参道を進むと正面に「奉献」の文字が見える。高山若頭のものも、当初はこの方向で設置されたのであろう。

その裏側、つまり参道の帰り道で正面から見える位置には、名前が削られたあとがうっすらと残っている。そして参道の裏側に、新たに刻み直された「篠田健市」の名があった。

司六代目の本名は「篠田建市」で、「建」の字が違っている。これは、刻み直した際に間違えたのだという。

灯籠の前でしばらく立ち止まって参詣者の様子をうかがったが、ほかのものも含めて、灯籠に刻まれた名前を見たり、気に掛けている人はいなかった。

「あれだけ報道されたから、地元の人間は知っているけど、観光客はまったく気に留めてもいない。撤去しろっていうのは理解できない」（タクシー運転手）

灯籠には代紋や「山口組」「弘道会」といった文字が刻まれているわけではない。一般の人が目にしても、それが山口組の組長と若頭とは、分からないだろう。

「暴力団の活動を助長する」という警察の言い分が、まったく的外れであることは、現地を訪れれば分かるはずだ。

「司六代目は信心深い方だ。純粋な気持で寄進したもので、まったく他意はないはず」（消息筋）

戸惑う神社関係者

神社関係者に話を聞こうとしたが、取り込み中だったため、後日、電話をしてみた。だが、「個別のことはお話できない」と繰り返すばかり。

そこで、三重県神社庁に話を聞いた。報道後も、警察から撤去の要請があったのか尋ねると、「そういう話は聞いていていない」という。

「（対応は）最終的には花の窟神社が決めること。法律や条例に明らかに違反するといわれれば従わざるを得ないが、その線引きが曖昧で、悩ましいところ。ただ、信教の自由は、憲法に則り保証されなければならないと考えている。参拝や寄進といったことは、その人の気持であって、どんな方であれ、これを拒否することはできない」

神社をめぐっては昨年、兵庫県警が、山口組恒例の初詣について、「暴力団の活動を助長する」行為を禁じた暴排条例に抵触するとして、同県神社庁と、神戸護国神社に対し、「集団参拝」を拒否するよう要請している。

これに対し、「憲法が保障する信教の自由に抵触する」という議論が沸き起こった。

神社本庁（東京）では、「暴力団の活動を助長する恐れがないか留意してほしい」とする文書を、全国に送った。これを受け兵庫県神社庁は、集団参拝を拒否する決定をし、同時に山口組側も神戸護国神社に自粛すると伝えた。だが、憲法論議を気に掛けてか、神社側も兵庫県警も、個人としての参拝は拒否できないとしていた。

そして初詣の当日、司六代目らは三つのグループに分かれ、一般参拝客の列に並んで、個別に参拝を行なった。兵庫県警も「集団参拝には当たらない」と判断せざるを得なかった。

こうした経緯を踏まえ、神社本庁に信教の自由と暴排条例について聞いてみた。

「兵庫では大きな問題になったが、条例は都道府県ごとに温度差があり、画一的な判断は難しい。例えば、露天商の問題でも、一概に利益供与とは言えないケースもある。最終的には当該神社の判断ということにはなるが、信教の自由については、堅持していかなければならない」

比叡山延暦寺の法要事件

当局からこうした圧力をかけられているのは、神社だけではない。

〇六年四月二一日、山口組は比叡山延暦寺に全直参が集まって、歴代組長の合同法要を営んだ。この情報をキャッチした滋賀県警は前日、比叡山に中止を要請したが、「純粋な宗教だから断れない」と、予定通り法要を執り行なった。

取材に来た週刊誌の記者が、法要が行なわれた阿弥陀堂に近付こうとすると、滋賀県警捜査員にシャットアウトされ、遠方から遠巻きに様子を眺めるしかなかった。

ところが、それから三週間以上が経った五月一六日から一七日にかけて、大手紙が一斉に〈香典名目で数千万円が上納された〉〈威力誇示と資金集めが目的〉などと報じた。大手紙の記者は当日、現場に誰一人足を運んでいない。警察による情報リークによって記事が書かれたのは明らかだ。

さる山口組の有力幹部は、この騒動について、

「法要といわれとるのは、特別永代回向という最高の永代供養や。これは六代目山口組にとって、原点回帰に繋がる方針が基になっとる。先祖供養というのは当たり前のことで、先達の亡くなられた歴代親分の回向や。これは純然たる儀式で、香典名目の上納金を集めたということも一切ない。他団体はおろか、親戚関係者も呼ばず、六代目山口組組員（直参）だけで厳粛のうちに行なっとるんや」

と語っていた。

さらに、指摘される威力誇示についても、

「法要の時間帯も一般市民に迷惑をかけんようにと、午後五時から始めとる。春まだ浅い比叡山の夕暮れ時といったら、足腰も冷える。そんななかでやっとるんや。国や一般市民に、いかに迷惑をかけないようにするか、準備に当たった担当者はかなり苦労したんやないか…」

と反論し、次のように締めくくっていた。

「人情、外に厚く内に厳しくということや。今日まで行事や法要が、いかにいい加減だったかを猛反省し、社会の常識に欠ける部分を改め、戒めようという趣旨や。初代から四代目までの回向法要を、これまで実行できなかった、また考えもしなかったという情けない心情を悔い改める心以外の何ものでもない。それが事実や」

事実、現場では他団体の関係者はおろか、一般の参拝時間も過ぎており、当事者である山口組と寺の関係者のほかには、警察関係者しかいなかった。

〝バッシング報道〟と宗教界の萎縮

延暦寺では、この〝バッシング報道〟を受け、「信用を損なう事態を招き、心よりお詫びを申し上げます」との謝罪文を発表。さらに代表役員の「執行」や内局部長の「副執行」が総辞職するという事態となった。

これは当局の〝報復〟にほかならない。信教の自由を守ろうとした比叡山に対し、当局がマスコミを使って「資金集め」「威力誇示」といった報道をさせて比叡山をバッシング。非難を浴びる形となった比叡山側は折れざるを得なくなってしまったのだ。

暴排条例以前のことではあるが、この一件は、宗教界に萎縮効果をもたらした。そして暴排条例という〝劇薬〟を手に入れた当局は、さらにエスカレートしていく。

前述の、兵庫県警が兵庫県神社庁と神戸護国神社に集団参拝拒否を文書で要請したのは、昨年一〇月二〇日のことだった。この件で、信教の自由が取沙汰されたが、一一月一七日（掲載は一八日付）に大手紙が一斉に、「延暦寺が〝絶縁状〟　山口組の参拝拒否」（産経新聞）という報道を行なった。

それによると、延暦寺では先の騒動のあとも、山口組歴代組長の位牌を非公開の場所に安置し、親族のみの参拝を許可していた。だが、年に一度、少人数で行なわれた参拝について、同県警が身元を調べ、親族でないと判断。延暦寺に参拝拒否を再三にわたり要請した。前回の苦い経験を持つ延暦寺は、一一年春に滋賀県暴排条例が施行されたこともあって、同年六月、参拝拒否の方針を決め、山口組に通知し、七月上旬には山口組側からも「了解した」との連絡を受けたという。

山口組に通知したのが六月なのに、なぜこの時期になって報道されるに至ったのか。記事はいずれも、「延暦寺への取材でわかった」といった情報源について触れていないが、一斉に報じられたこと、そして神戸での集団参拝要請で信教の自由が取沙汰されているタイミングであることからすれば、当局からのリークと判断せざるを得ない。

そしてちょうどこの日（一七日）、兵庫県神社庁は、組名での集団参拝を拒否する方針を決めている。これを受け、大阪府神社庁、福岡県神社庁久留米支部、奈良県神社庁が相次いで参拝拒否を決定。富山県でも当局が「条例違反に当たる」として、神社庁に参拝拒否を要請。一方で、年末年始を前に、神社の境内に出展する露店からヤクザを排除する動きも加速していった。

さらに今年三月には、京都府仏教連合会が組葬や法要などを拒否する暴力団排除宣言を出し、併せて一月に、京都に本拠を置く会津小鉄会の初代から三代目までの墓所がある「西雲院」が、組に集団での墓参の自粛を求めたことも明らかになった。

こうして宗教界にヤクザ排除の波が広がっているのだが、これは信教の自由にとどまらず、内心の自由にも波及する問題である。参拝や墓参は宗教的行事ではあるが、先祖を敬ったり、家族の安全、健康などを祈るのは、内心の問題であって、人によって願うものは異なることもある。さらに言えば暴排条例は、任俠、義俠心といったヤクザの伝統的精神をも否定し、これを排除するものでもあるのだ。

〝暴力団排除〟を盾に、内心の自由、信教の自由にまで土足で踏み込んできた当局はもとより、警察の情報リークに踊らされて、無自覚に手を貸したマスコミの責任も重いといわざるを得ない。

その2

ヤクザには居住、移転の自由もないのか

――弘道会K組長の場合

齋藤三雄

使用制限命令適用第一号の場合

〈何人も、公共の福祉に反しない限り、居住、移転及び職業選択の自由を有する〉

憲法第二二条には、こう記している。だが、近年の暴力団排除の嵐の中で、憲法が「改正」されないままに、この条文から「暴力団」という身分に関しては除外されているのが実態となっている。

組事務所に関しては、一九九二年に施行された暴対法で、対立抗争が発生したときに、公安委員会〈実態は警察〉が期間を定めて組事務所の使用制限命令を出せることになった。

暴力団排除条例では、都道府県によって若干の違いはあるが、概ね学校や図書館などの施設から二〇〇メートル以内に新たに開設することを禁じている。

この適用第一号となったのが、大阪在住の六代目山口組顧問だった。もともと顧問が率いる組織の事務所は、保育所から三〇メートルほどの距離にあった。大阪府の暴排条例は、二〇一〇年四月に施行されている。新設禁止とはなるが、この旧事務所は条例に抵触しない。だが、保育所の至近距離にあることに配慮したのであろうか、同年三月、近くのビルを取得し、ここに事務所を移転することになった。組側の測定では、保育所から直線距離で二〇〇メートル以上離れていたという。

ところが、この保育所では建物を改築中だったが、東日本大震災の影響で工事が遅れ、敷地内に仮設の建物を建てた。大阪府警の測定では、新事務所はこの仮設の建物から一八八メートルの距離だとされた。

組では、条例施行前に事務所移転の知らせを配布していたが、移転が遅れて四月以降も旧事務所を使用していた。同府警は半年以上にわたって組事務所周辺を監視。実質的に組事務所が移転したのが、条例施行後の一〇月だったとして、顧問や組幹部三人が逮捕され、罰金五〇万円の略式命令を受けている。

そして、今国会に上程されている暴対法の改定案では、「特定抗争指定暴力団」「特定危険指定暴力団」の指定という項目が加えられ、事務所の使用制限命令が出せるようになる。「特定抗争指定」の場合は、事務所の新設も禁じられる。

危機煽りの民暴弁護士――代理訴訟の実相

事務所を使用できないようにすること自体が、居住権、そして財産権の侵害に当たるが、改定案ではもっと凄い内容が盛り込まれている。住民が組事務所の使用差し止めを求める民事訴訟で、都道府県の暴力追放運動推進センター（暴追センター）が、代理訴訟を起こすことができる規定が盛り込まれているのである。この規定については、利害関係がある当事者同士で争う民事訴訟の原則に反するとして、法務省から慎重な意見も出ていたが、警察庁では「住民側の心理的負担を軽減させる」ために導入を決めたという。

組事務所の使用差し止め請求訴訟は、記録が残る一九八七年以降、全国で二四件あり、現在、三件が継続中である。

その継続中の一件が、六代目山口組二代目弘道会の最高幹部であるK組長率いる組織の事務所問題である。ある意味この事例は、暴対法の改定を先取りして行なわれたものともいえ、代理訴訟が行なわれるようになれば、こうした事例が増えると思われるので、検証してみたい。

K組長が代表を務めるK社は、〇七年七月に港区麻布十番のマンションの一室を購入した。K組長の自宅兼K社の事務所である。警視庁では、K組長が弘道会の東京責任者と見て、その動向をうかがっていただけに、この動きをすぐさまキャッチ。その〝指導〟により、マンション管理会社が暴追センターに通報し、相談を受けた第一東京弁護士会の民事介入暴力対策委員会メンバーである弁護士、いわゆる民暴弁護士が、使用差し止め訴訟の準備に入った。

ところが、K組長らはマンション住民に対して迷惑行為はしておらず、民暴弁護士が開いた説明会に出席する住民はほとんどいなかった。このため、民暴弁護士が戸別訪問を行い、抗争に巻き込まれる危険性や、資産価値が下落すると訴えた。つまり、K組長との間に何の問題もなかった住民に対し、民暴弁護士が危機を煽っていったのである。

そして翌〇八年一二月、区分所有者の臨時大会が開かれ、使用差し止めを求める意見が半数を超えたとして、即日、東京地裁に使用差し止めの仮処分が申し立てられた。

これに対し、K組長側は異議を申し立てたが、〇九年四月に、和解が成立する。

その条件は、K組長を含む三人の立ち入りは認めるが、事務所として使用することを禁じ、一〇年五月までに部屋を売却すること。売却できない場合、マンション管理組合が七〇〇〇万円で買い取る権利を持つといったもので、K組長らの出入りをチェックするため、監視カメラを設置することも加えられた。

既に売却期限から二年余りが過ぎているが、期間を過ぎたら買い取ると約束したはずの管理組合はそれを履行せず、物件は宙に浮いた格好になっている。

「官製型住民運動」のウラに異例の〝壊滅作戦〟

この和解から約一〇カ月後の一〇年二月、K社は台東区竜泉にある四階建てのビルを取得。同年八月に移転登記した。K組長はここに住民票も移しており、表札も掲げ、自宅兼会社事務所として使用するはずだった。移転当初、住民との間に、トラブルなどは一切ない。

ところが、ここでも警察が動いた。所轄の下谷署が町内会長に、この建物が弘道会の組事務所であり、抗争に巻き込まれる恐れがあると告げたのである。

一〇月には住民の会が結成され、何度も集会やデモ行進が行なわれるようになった。だが、参加者のうち、その地域に住んでいる住民はわずかであって、警察や民暴弁護士の要請で集まったほかの地域の人びとなどが多かった。先の麻布十番の事務所と同様、警察と民暴弁護士が手を携えての「官製型住民運動」だったのである。

そして、もう一つ忘れてならないのは、この竜泉の事務所問題が沸き起こったタイミングである。

当時の安藤隆春・警察庁長官は、〇九年九月に「弘道会こそ、山口組の強大化を支える原動力であり、取り締まりの力を集中させる必要がある」と、山口組の二次組織である弘道会を名指しして、異例の〝壊滅作戦〟を指示していた。先の麻布十番での和解から五ヵ月後のことである。

以後、全国の警察が総力を挙げて弘道会最高幹部を微罪で逮捕していった。そして住民の会が設置される直前の一〇年九月には、全国の捜査担当者を集めた「弘道会対策会議」で安藤長官が、「弘道会の弱体化なくして山口組の弱体化なし。山口組の弱体化なくして暴力団の弱体化なし」と訓示し、弘道会〝壊滅作戦〟はエスカレートしていった。その時期に、この竜泉事務所への反対運動が組織されたのである。

所有者が自分の物件にも入れない？

その周辺にはいくつかのほかの組織の組事務所があるが、撤去を求める住民運動を起こされたのは、K組長だけである。

住民の会の決起集会が開かれて三週間足らずの一〇月二一日には、住民約一七〇人が、東京地裁に使用禁止を求める仮処分を申し立てた。その審理が行なわれている最中の一一年一月、K組長は恐喝未遂と出資法違反の容疑で警視庁に逮捕される。「被害者」とされる男性に、警視庁が無理矢理被害届を出させた、でっち上げともいえる事件で、K組長は不起訴となっている。だが、住民運動を盛り上げ、また裁判所にいかに〝危険〟が差し迫っているかを印象付ける格好の材料となった。

そして同年三月、東京地裁は仮処分を決定した。それは、事務所としての使用を禁止するばかりでなく、ここを住居としているK組長の立ち入りをも禁止するというもので、組長の立入り禁止を命じる決定は、全国でも初めてのことだった。

所有者が自己の物件に立ち入りすらできないというのは、明らかに憲法で保障された財産権、そして居住、移転の自由を侵すものだが、決定では「山口組事務所の周囲では抗争事件が起こる可能性が高く、住民らの生命、身体に危害が及ぶ可能性がある」とし、「住民の権利侵害を予防するため、組長の居住、移転の自由が制限されてもやむを得ない」との判断だった。

K組長側はこれを不服とし、すぐさま保全異議申し立てをしたが、東京地裁は七月、これを退けた。K組長側は起訴命令申し立てを行ない、住居として立ち入りを認めるよう求めて本裁判で争うこととし、この裁判は昨一一年五月に始まり、現在も係争中である。

K組長は、さらにもう一つの裁判を抱えている。〇七年八月にK組長の知人が新宿区内の分譲マンションを取得。この物件をK組長が借り受ける形で、一時、ここを事務所として使用していたが、マンションの管理規定で暴力団事務所としての使用が禁じられていることを知ったK組長は、すぐに事務所を撤収した。ところがその後、警察、民暴弁護士と住民との話し合いが持たれ、一〇年一二月になって、建物区分所有法に基づき、K組長らに競売を求める訴訟が東京地裁に起こされた。ヤクザを辞めないのなら、物件を売れというわけだ。K組長らは棄却を求めて争っている。

暴追センターは警察官僚の天下り先

このようにK組長は「官製型住民」によって、三件の不動産から追い出されるという状況になっているのである。住民にとっては、危険を感じているというより、警察や民暴弁護士のプロパガンダに乗せられ、K組長がいると不安という空気に支配されているのだ。

麻布十番の物件では、管理組合が買い取るという和解条項が履行されず、月々の管理費は納めなければならない。自身の出入りを監視するためのカメラもK組長の費用だ。新宿の物権も管理費がかかり、竜泉の物件も、立ち入りできないとはいえ、維持費などがかかる。

財産権、居住・移転の自由が侵されているばかりでなく、使用できないその物件に金を支払い続けているという、信じ難い状況に置かれているのである。

「民法の七一七条に工作物責任というのがあって、例えば事故とか、その建物によって他人に損害を与えた場合、それを賠償する義務が負わされる。立ち入りができないにもかかわらず、この義務が生じることになる」（法曹関係者）

K組長の場合、山口組、そして弘道会であることから、警視庁の政治的判断で集中砲火を浴びたといえるが、暴対法の改定で、暴追センターによる訴訟代行が盛り込まれようとしている今、ほかの代紋を背負っている組関係者にとっても他人事ではない。

暴追センターは、警察官僚OBたちの有力な天下り先である。地方自治体から予算が下りるうえ、企業や業界団体、地域団体から賛助金を取り、潤沢な資金源を持っている。その暴追センターはこれまでも、組事務所使用差し止め訴訟で裁判費用の補助を行なってきた。その裁判を請け負うのは民暴弁護士で、改定暴対法でも、暴追センターが訴訟を代行できるとしているが、報酬を受け取ることはできず、実際に裁判を起こす場合には、弁護士に任せることになっている。両者は利権を分け合っているのであり、暴対法が改定されれば、こうした訴訟がさらに増えるであろうことは容易に想像できる。

さらに、K組長の場合もそうだが、組事務所だけでなく個人とその家族の住居にまで排除の嵐が吹き荒れている。

二〇〇七年四月に東京都町田市で起こった発砲立てこもり事件を機に、公共住宅からヤクザを締め出す動きが顕著になり、現在ではヤクザが公共住宅に住むことはほぼ絶望的である。新規の契約だけでなく、既に住んでいるケースでも、ヤクザとわかれば明け渡しを要求される。

民間のマンションなどでも、契約約款に「暴力団排除条項」を盛り込み、同様の措置を取るところが増えている。

このように、ヤクザは居住、移転の自由という必要最低限の基本的人権も許されない状況に置かれている。住居がなければ選挙権すらなくなるわけで、「国民」の埒外にされているのだ。民主主義国家といわれるこの国で、これほどの差別が進んでいるのである。

さらにいえば、最近の「暴力団排除運動」では、ヤクザばかりでなく「反社会的勢力」「密接交際者」なども排除の対象とされている。そしてこれらには、明確な定義がなく、無制限に拡大される恐れがある。すなわち、当局に睨まれてしまえば、ヤクザでなくともK組長のような事態となる可能性があることを、肝に銘じておくべきだろう。

寄稿

暴排条例は「住民が望む治安」を良くするか？

日本独立宣言　主幹　田口 圭

私は、保守系地方議員らの寄稿による冊子「日本独立宣言」を刊行しております田口圭と申します。当該条例には、多くの人権派知識人、弁護士などが反対の意を表明されているようですが、私は「保守派」の立場から、「国益」の観点から、当該条例に反対の意を表明したいと思います。

「犯罪に使用可能なもの」と「生活に必要なもの」

世の中には「犯罪に使用可能なもの」があります。たとえば拳銃・覚せい剤などはそれに該当すると思います。その一方で、その中には「生活に必要なもの」が存在します。食料品や公共サービス（電気・水道・ガス・電話）や銀行口座などが、それに該当します。

当該、暴力排除条例では、いわゆる「暴力団構成員」や「密接交際者」といった反社会勢力が、銀行口座を開設することを、認めない条項を契約書に盛り込むように義務付けるなど、彼らが銀行口座を持つことを違法としています。

前述の分類で言えば、銀行口座は、たしかに犯罪に利用可能です。いわゆる「おれおれ詐欺（振り込め詐欺）」に銀行口座が使われることもあるでしょうし、犯罪収益金を貯蓄するために使用されることもあると思います。

その一方で銀行口座は「生活に必要なもの」であるのも事実です。

このように「犯罪に使用可能」であり「生活に必要」でもあるものを所持することを禁止することは、やはり規制の範囲として広すぎると言わざるをえません。

この理論でいけば、公共サービスですら「水は犯罪に使用できる」「電気は犯罪にしようできる」「ガスは犯罪にしようできる」「携帯電話は犯罪に使用できる」という理屈で、所持・利用を禁止することができてしまいます。

反社会勢力が都市ガスを使えなくなる日

ちなみに、公共サービスへの規制に関しては、多くのひとが「まさか、そこまで規制はしてこないだろう」という楽観論を持っていたと思います。しかしながら、現実問題として、以下のような事例があります。

オウム真理教の後継団体である「アレフ」の施設に都市ガスの配管を行うために、東京ガスが足立区へ配管工事申請をしたところ、足立区が「反社会的団体の関連施設に都市ガスを供給するための申請は認められない」として許可を出しませんでした。それにより、不動産会社「宝樹社」が取り消し処分を求めて東京地方裁判所に訴えを提起したところ、裁判所は足立区の判断を支持する判決を今年三月一三日に出しました。

その理由に、「付近住民は施設にアレフの信者、関係者が出入りすることに強い恐怖感、嫌悪感を示している」と指摘。「ガス管敷設を行えば、反対運動の激化で公共の利益が害される異常かつ危険な状態が生じるおそれもある」と示しています。

この判決を今後も踏襲して暴力団にあてはめるならば、足立区が拒否理由とした「反社会的団体」に暴力団は該当し、また「付近住民は組事務所に暴力団の信者、関係者が出入りすることに強い恐怖感、嫌悪感を示している」ということができます。

したがって、このまま規制が強化されれば、暴力団が、ガスの利用を禁止されてしまう可能性は高いと思っております。

この判決を拡大解釈すれば、どうなるか？

この判決で興味深いのは「付近住民は……に……の……、関係者が出入りすることに強い恐怖感、嫌悪感を示している」という表現です。つまり、第三者から嫌悪感を示されれば、都市ガスが使えなくなるのか？　という点です。

たとえば、児童ポルノ規制を執拗に主張するフェミニストたちが「付近住民は秋葉原のメイド喫茶に、オタクの若者、関係者が出入りすることに強い恐怖感、嫌悪感を示している」という事実があったら、それで都市ガスが使えなくなるのか？　というのと同じくらいの悪質さであると思います。

（たとえば、メイド喫茶を風俗店と置き換えても同様）

（ちなみに、新宿では女性区長により、店舗型風俗店が消え、デリヘルなどの派遣型風俗店が主流となっているようです。それも「外観」を消して、解決したことにしたいという浅はかな意図が露骨です。）

あるかもしれない反対運動は理由になるか？

また、上記判決部分の「ガス管敷設を行えば、反対運動の激化で公共の利益が害される異常かつ危険な状態が生じるおそれもある」という箇所ですが、反対運動が存在するとして（もちろん、判決では現在ではなく将来の反対運動を想像して言及しているに過ぎないのですが）それを理由に、都市ガスを使えなくしていいのか？　ということになります。

たとえば、昨年、国際基督教大学でミス・コンテスト（以下ミスコン）が企画され、それに噛み付いたフェミニストたちにより、ミスコンが実現されなかったという事件が起こりました。じゃあ、来年度、ミスコン開催を予定している早稲田や慶應といった大学は、「反対運動」が予想されるから、都市ガスが使えなくなってもいいのか？　ということになります。

むしろ、現実に反対運動が存在した「成田空港」や「伊丹空港」では、都市ガスを使っていないのか？　というと、そうではなく、むしろ「反対運動」を理由に公共サービスを使わせないなどという判断はなされていません。「アメリカ大使館」や「ロシア大使館」には、多くの過激な抗議が行われており、オウム関連施設への抗議などよりも苛烈な抗議が行われています。もし、この判決を、そのまま適用するのであれば、それらの抗議を受けた大使館は都市ガスを使ってはいけないということになります。

さて、当該、足立区内の「オウム関連施設」はプロパンガスを使用することになるとのことです。果たして、住民が望んでいたのはオウム信者にプロパンを使ってもらうことでしょうか？　裁判所の判断は、何の解決にもなっていないというのが実情です。

同様の判決が、今後、暴力団に出された場合、暴力団がプロパンガスを使い始めることになると思います。しかし、戸外に出されたプロパンガスが、格好の標的となり、都市ガスでは予見できなかった爆発事件などに発展する可能性もあり、余計悪い方向に向かっているのではないかと思います。都市ガスをプロパンに変えたからといって、何かが解決したわけではない。不便さが増えただけとおもいます。

（右の新宿区の事例で言えば、店舗型風俗をデリヘルにしたからといって、なにか解決したのか？　むしろ密室殺人・強盗などの機会が増えたに過ぎない。）


さて、前述のように、銀行口座や電話回線なども、暴力団員が本人名義で契約できなくなると、他人名義の銀行口座や携帯電話の契約が一般的になると思います。もしくは、「手渡し」などの証拠が残らない手段でのやりとりが主になると思います。

もし、犯罪が起こった場合、今までは、銀行口座のやり取りや通話記録から犯罪捜査ができたわけですが、今後はそれができなくなります。

都民が望む「治安」とは?

都民へのアンケートで、「都政に望むこと」として「治安」がつねに上位に所在します。しかし、いままでの警察は「住民が望む治安」を理解してきたでしょうか?

毎朝、鉄道路線の各駅で「痴漢は犯罪です」といったポスター広告を見かけ、交番では「児童ポルノを根絶しましょう」といったポスターの掲示には莫大な費用がかかっています。毎日、ニュースでは、どこかの男性が一八歳未満と性交したからといって「被害者なき犯罪」で逮捕されたりしています。そもそも刑事事件として扱うのも妥当ではないような事例に注力している印象があります。

警察の予算がこういったフェミニズムがらみの犯罪への対策に使われる費用は、本来の警察の仕事である「殺人事件」「強盗事件」といった「被害者のある犯罪」の捜査に使われる費用を凌駕するといいます。

今回の暴排条例では「暴力団に部屋を貸す」とか「出前を届ける」とかも処罰対象となるとか。じゃあ「暴力団とは知らなかった」場合はどうなるのか?　ということですが、上記の淫行条例の事例は「一八歳未満とは知らなかった」事例がほとんどであるにもかかわらず、勝手に「知っていたこと」にされて、逮捕までされてしまうとのこと。

都民が望む「治安」とは、「暴力団事務所にピザを配達したアルバイトが逮捕されること」でもなく、「女子高生とデートした大学生が逮捕されること」でもなく、「空いている女性専用車両に乗らずに、混んでいる一般車両に、わざわざ乗ってきた女性乗客に、示談金目的で痴漢呼ばわりされること」でもありません。はたしてこういった社会が「国益」にかなっているかどうか？

都民が望む「治安」とは、「殺人」や「強盗事件」など「被害者のある犯罪」の解決です。

私の親族は、昨年の夏に路上でバイクに追突され負傷しましたが、いまだに犯人が見つかっていません。そういった捜査こそ、優先させるべきです。

その優先順位を間違えて、あらぬ方向に力を入れている限り、真摯な救済を求める都民から「警察は暇すぎる」とおもわれるのは、仕方がないと思います。

資料編

- ●参議院議員又市征治氏による「暴力団員による不当な行為の防止等の対策の在り方に関する質問主意書」
- ●右質問に対する内閣総理大臣野田佳彦氏による答弁書
- ●右答弁書に対する再質問書
- ●右再質問に対する答弁書
- ●暴力団対策法の一部改正に関する会長声明　日本弁護士連合会会長　宇都宮健児
- ●参議院内閣委員会参考人招致（二〇一二年六月十九日、二十日）における質疑詳報
- ●「暴力団排除条例」の廃止を求め、「暴対法改定」に反対する表現者の共同声明
- ●弁護士たちの反対の意思表明

【質問主意書第一一六号】

平成二十四年五月十八日
又市征治

参議院議長　平田健二殿

暴力団員による不当な行為の防止等の対策の在り方に関する質問主意書

昨今、暴力団員と見られる者による襲撃等、暴力事件が増加している。元来、市民の安寧な生活や企業の健全な経済活動のため、民事介入暴力の防止など暴力団の不当な行為をなくしていくことは当然である。しかし、暴力団排除に名を借りて、憲法違反のおそれが強い法制度が導入され、警察が無制限に権限を拡大しているとの指摘もある。

現在、全国都道府県で施行されているいわゆる「暴力団排除条例」については、国の基本法である憲法が保障した結社の自由や基本的人権に関わる内容を、立法府における手続を経ずに制限するものとなっているという意見がある。実際、各都道府県の条例によっては、「密接交際者」や「反社会的勢力」といった曖昧な概念が「暴力団関係者」の範疇に含まれて解釈されるなど、どのような主体のどのような行為が条例違反に該当するかの判断は警察に委ねられている実態があるため、法体系上の整合性を著しく乱すおそれもあるとの見解も存在する。

今国会において、「暴力団員による不当な行為の防止等に関する法律の一部を改正する法律案」が内閣から提出されている。本改正法案については、「暴力団員による不当な行為の防止」を図る法律というよりは、「暴力団員」とみなされた者に対して、人間なら誰しもが生活する上で欠かせない正常かつ基本的な社会での営みや、住居の購入・賃貸借、自動車の購入等の正常な契約行為に基づく行動すら規制し困難にすることにより、人間としての存在を社会で許さないように制限することが政策的目標にされているのではないかとの懸念が示されている。さらに、「防止」を理由として、未だ罪を犯していない者の行動を重罰をもって規制し、人権の制限や事実上の団体規制が拡大され、憲法が保障する基本的人権と民主主義の原則を損ないかねないとの懸念も表明されている。よって、以下のとおり質問する。

一　条例等における「暴力団関係者」の定義について、全ての法令で統一された明快な基準を示すべきと考えるが、政府の見解を明らかにされたい。

二　本改正法案は、「特定危険指定暴力団」及び「特定抗争指定暴力団」の指定を新たに規定しているが、公安委員会が指定する際における第三者からの意見を聴取する制度が規定されていない。従来の法律にあった「指定暴力団」の指定の際における聴聞会を開催する規定との整合性について、政府の見解を示されたい。また、公安委員会の指定という行政行為に対する不服申立の手続はどのようになるのか、政府の見解を明らかにされたい。

三　前記二のような手続の規定もなく「特定危険指定暴力団」及び「特定抗争指定暴力団」の指定を行うことは、当該団体と構成員の行動を制約し、集会の自由や財産権等の人権を大きく制限するものであり、「何人も、法律の定める手続によらなければ、その生命若しくは自由を奪はれ、又はその他の刑罰を科せられない」とする憲法第三十一条の適正手続の保障の規定に抵触するものと考えるが、政府の見解を明らかにされたい。

四　本改正法案は、第三十二条の四において「都道府県暴力追放運動推進センターによる事務所使用差止請求制度」を創設し、住民の委託を受けた同センターが、指定暴力団等の事務所の使用及びこれに付随する行為の差止請求訴訟を行う権限を有することができるようになるとしている。しかしながら、この点については、日弁連が会長声明で、「人格権という一身専属的権利を任意的訴訟担当という制度により授権しうるかという疑問があるうえ、訴訟物が授権住民の人格権である以上、訴訟中に相手方当事者である暴力団に誰がかかる授権をしたかを明らかにせざるを得ず、周辺住民が自ら当事者となることの恐怖感を払拭することができないおそれがある。このように必ずしも十分な効果が見込めないにもかかわらず、民事訴訟法上も例外的であり、場合によっては弁護士法の弁護士代理の原則の潜脱ともなりかねない任意的訴訟担当という制度を導入することについては慎重であるべきである。」とし、また、「適格団体に固有の権利として使用差し止め請求権を認める法制度との比較検討、消費者団体訴訟制度等の他の法制度との権衡、制度を導入した場合に暴力団事務所の使用差し止め以外の場合への類推の可能性、適格団体の業務の適正（管理監督体制、報酬等）の確保の方策等、なお十分な議論がなされていない点がある。」と指摘している。

これらの疑問点に対する政府の見解を示されたい。また、当該制度の創設に当たり、法制審議会における十分な議論が必要と考えるが、併せて政府の見解を明らかにされたい。

五　本改正法案は、第三十二条の二で「事業者の責務」として、「事業者は、不当要求による被害を防止するために必要な第十四条第一項に規定する措置を講ずるよう努めるほか、その事業活動を通じて暴力団員に不当な利益を得させることがないよう努めなければならない。」との条項を新たに設けている。

第十四条第一項は、暴力団員による不当要求による被害防止のために必要な責任者の選任、不当要求に対する対応方法の指導等の援助を公安委員会が行うことができるようにしたものだが、この条項が現行法に盛り込まれたことから、民間企業への警察ＯＢの天下りが増加し、特に「暴力団排除条例」の制定に伴って著しく増加したとの指摘がある。

本改正法案で同条項の履行を事業者に義務づけることは、社会的批判の強い天下りにお墨付きを与えることになると考えるが、政府の見解を明らかにされたい。

六　第三十二条の二は、「暴力団員に不当な利益を得させることがないように努め」ることを責務としている。しかし、事業者が暴力団員に通常の社会生活に必要なサービスや商品提供に応じたことをもって、「暴力団員に不当な利益を得させ」たものとみなされ、営業上の不利益を受けることがあってはならない。例えば、暴力団員の子どもが学校生活上、銀行等に口座を開設する必要がある場合、それは「不当な利得を得」させたことになるのかなど、具体的に何が「暴力団員に不当な利益を得させる」行為なのか、また、誰がそれを認定するのか、事業者が容易に判断できるような基準を明示する必要があると考えるが、政府の見解を明らかにされたい。

七　全都道府県で制定されたいわゆる「暴力団排除条例」の下で、暴力団員に不当な利益を得させないためと称して、暴力団排除体制の企画・立案・整備などに関する「反社会的リスク管理業務」、取引相手が暴力団関係者であるか否かを審査する「属性審査業務」、取引契約の相手方や内容をチェックする「契約書審査業務」等に、「都道府県暴力追放運動推進センター」が関与する体制の構築が推奨されているとの指摘もある。

　本改正法案第三十二条の二は、民間の事業者の自由な取引契約に警察が関与することを法的に義務づけることを意味しないか。政府の見解を明らかにされたい。

八　本改正法案では、警察等による事務所等への立入検査等の際、警察官の質問に対し陳述しなかった場合に処罰されるとの規定(第四十九条)がある。これは、「何人も、自己に不利益な供述を強要されない」とする憲法第三十八条第一項「黙秘権の保障」の規定に抵触するのではないか。政府の見解を明らかにされたい。

九　「暴力団排除条例」による取締りに加えて、本改正法案が重罰をもって様々な社会生活場面からの暴力団及び暴力団員の事実上の排除を進めることは、かえってこれらの団体や者たちを追い込み、暴力犯罪をエスカレートさせかねないのではないか。暴力団を脱退した者が社会復帰して正常な市民生活を送ることができるよう受け皿を形成するため、相談や雇用対策等、きめ細かな対策を講じるべきと考えるが、政府の見解を明らかにされたい。

　右質問する。

【答弁書第一一六号】内閣参質一八〇第一一六号

平成二十四年五月二十九日
内閣総理大臣　野田　佳彦

参議院議長　平田健二殿

参議院議員又市征治君提出暴力団員による不当な行為の防止等の対策の在り方に関する質問に対し、別紙答弁書を送付する。

参議院議員又市征治君提出暴力団員による不当な行為の防止等の対策の在り方に関する質問に対する答弁書

一について
一部の条例において「暴力団関係者」という文言を用いていることは承知しているが、条例については、各地方公共団体の判断により制定されるものであるので、国において御指摘のような「基準」を定めるべきものとは考えていない。

二及び三について
第百八十回国会に提出している暴力団員による不当な行為の防止等に関する法律の一部を改正する法律案（以下「改正法案」という。）による改正後の暴力団員による不当な行為の防止等に関する法律（平成三年法律第七十七号。以下「法」という。）第十五条の二第八項又は第三十条の八第四項において準用する法第五条第一項の規定により、都道府県公安委員会は、法第十五条の二第一項又は第三十条の八第一項の規定による特定抗争指定暴力団等又は特定危険指定暴力団等の指定をしようとするときは、法第三条又は第四条の規定による指定暴力団等（法第二条第五号に規定する「指定暴力団等」をいう。以下同じ。）の指定の場合と同様に、公開による意見聴取を行わなければならないこととされている。

また、法第十五条の二第一項又は第三十条の八第一項の規定による特定抗争指定暴力団等又は特定危険指定暴力団等の指定については、行政不服審査法（昭和三十七年法律第百六十号）及び行政事件訴訟法（昭和三十七年法律第百三十九号）の規定の適用がある。したがって、「「特定危険指定暴力団」及び「特定抗争指定暴力団」の指定を行うこと」が「憲法第三十一条の適正手続の保障の規定に抵触する」との御指摘は当たらないと考えている。

四について

お尋ねの「都道府県暴力追放運動推進センターによる事務所使用差止請求制度」（以下「本制度」という。）は、指定暴力団等の事務所（法第三十条の二第二号に規定する「事務所」をいう。以下同じ。）の使用により生活の平穏又は業務の遂行の平穏が違法に害されていることを理由として当該事務所の使用等の差止めを請求しようとする付近住民等（法第三十二条の三第二項第六号に規定する「付近住民等」をいう。以下同じ。）が、暴力団員（法第二条第六号に規定する「暴力団員」をいう。以下同じ。）による報復等への懸念からこれをちゅうちょすることがあるという問題に対処するため、法律により、当該付近住民等が、自らの意思で、その請求に関する権限を適格都道府県センター（法第三十二条の四第一項に規定する「適格都道府県センター」をいう。）に委託することができることとする制度であり、右のような問題を解消する上で効果があるものと考えている。

また、法第三十二条の四第三項の規定により、指定暴力団等の事務所の使用等の差止めの請求に係る民事訴訟手続等については弁護士に追行させなければならないこととされていること等から、本制度は弁護士代理の原則に反するものではないと考えている。

このほか、御指摘の「なお十分な議論がなされていない点がある」という点についても、改正法案の国会提出に当たり、政府として十分に検討を行ったものである。なお、本制度については、民事法、刑事法その他法務に関する基本的な事項に該当するものではないことから、法制審議会において調査審議する必要があるとは考えていない。

五から七までについて

お尋ねの「社会的批判の強い天下りにお墨付きを与える」の意味が必ずしも明らかではないが、法第三十二条の二は、事業者（法第十四条第一項に規定する「事業者」をいう。以下同じ。）に、その事業活動を通じて暴力団員に不当な利益を得させることがないよう努める等の責務があることを規定するものであり、何が「暴力団員に不当な利益を得させる」行為なのかについては、その責務を有する各事業者において、社会通念に従って適切に判断されるべきものと考えている。また、同条は、事業者による取引や契約に警察が関与することを法的に義務付けるものではない。

八について

法第三十三条第一項の規定による質問は、他の一般的な行政目的による質問の権限と同様に、犯罪捜査のために認められたものではなく、法の規定に基づく命令その他法の施行に必要があると認めるときに、法の施行に必要な限度において実施することができるものであり、その違反者を処罰することは憲法第三十八条第一項の規定に違反するものではないと考えている。

九について

御指摘のように暴力犯罪がエスカレートするようなことがないよう、御指摘の対策を含め、警察及び関係機関において必要な措置が講じられていくべきものと考えている。

【再質問第一四九号】

平成二十四年六月十九日
又市征治

参議院議長　平田健二殿

暴力団員による不当な行為の防止等の対策の在り方に関する再質問主意書

私が先般提出した「暴力団員による不当な行為の防止等の対策の在り方に関する質問主意書」（第百八十回国会質問第一一六号）に対する答弁書（内閣参質一八〇第一一六号）を踏まえて、以下のとおり再質問する。

一　前記答弁書の「一について」では、「条例については、各地方公共団体の判断により制定されるものであるので、国において御指摘のような「基準」を定めるべきものとは考えていない」とされているが、「暴力団関係者」の定義を含め、その解釈・運用を各都道府県の判断に委ねれば、区々になり、法の下での平等を侵害するおそれがあるのではないか。したがって、法令により統一された基準を設けるべきと考えるが、政府の見解を明らかにされたい。

二　前記答弁書の「四について」での答弁は、人格権という一身専属的権利を授権することについて、理論的問題はないという趣旨か。

さらに、訴訟において、授権者の情報が明らかにならざるを得ないことは、有識者会議でも「民事訴訟の根幹に関わるものとなるので困難である」と認めている。「右のような問題を解消する上で効果があるものと考えている」との前記答弁書における答弁は、それでもなお、授権者の存在を明らかにしないまま訴訟を進行することが可能という見解か。そうであるとすれば、いかなる手続により授権者の氏名、住所等が明らかにされずに訴訟を進行できると考えるのか、政府の見解を明らかにされたい。

また、前記答弁書において、「法第三十二条の四第三項の規定により、指定暴力団等の事務所の使用等の差止めの請求に係る民事訴訟手続等については弁護士に追行させなければならないこととされていること等から、本制度は弁護士代理の原則に反するものではない」とされているが、付近住民等から委託を受けた場合に、適格都道府県センターが「当該委託をした者のために自己の名をもって、当該請求に関する一切の裁判上又は裁判外の行為をする権限を有する」こと自体が民事訴訟手続の原則に反するのではないか。政府の見解を明らかにされたい。

さらに、前記答弁書において、「御指摘の「なお十分な議論がなされていない点がある」という点についても、改正法案の国会提出に当たり、政府として十分に検討を行ったものである」とされているが、固有の権利として使用差止めを認める法制度との比較検討について、いかなる議論がなされたのか。また、同様に、消費者団体訴訟制度等の他の制度との権衡について、いかなる議論がなされたのか。加えて、制度を導入した場合における暴力団事務所の使用差止め以外への類推の可能性について、いかなる議論がなされたのか。最後に、適格団体の業務の適正の確保について、いかなる議論がなされたのか、それぞれ具体的に明らかにされたい。

三　前記質問主意書における、「社会的批判の強い天下りにお墨付きを与える」とは、企業が、不当要求による被害防止のための責任者として、元警察官を雇用し、あるいは委託することを促進するという意味である。現に、企業による「暴力団対策」としての警察ＯＢの雇用等が著しく増加している実態を政府は把握しているか。把握している場合には、実態を明らかにされたい。

四　前記答弁書の「五から七までについて」では、何が「暴力団員に不当な利益を得させる」行為なのかについて、「その責務を有する各事業者において、社会通念に従って適切に判断されるべき」としている。他方、暴力団員が銀行等の口座を開設する行為や、スポーツクラブの会員になる行為、ゴルフ場を利用する行為までもが禁止され、これらの行為が詐欺罪等の犯罪とされている事例があるが、現状を政府は把握しているか。また、これらの行為は不当な利益を得たことになるのか、政府の見解を明らかにされたい。

五　前記答弁書の「八について」では、法第三十三条第一項の規定による質問は、「犯罪捜査のために認められたものではなく、法の規定に基づく命令その他法の施行に必要があると認めるときに、法の施行に必要な限度において実施することができる」とあるが、質問の対象となる者が自己の刑事上の責任を問われるおそれのある事項について、供述を求められることはないという理解で良いか。政府の見解を明らかにされたい。

六　前記答弁書の「九について」では、暴力団を脱退した者が社会復帰して正常な市民生活を送ることができるよう講じるべき対策について、「警察及び関係機関において必要な措置が講じられていくべきものと考えている」とあるが、各自治体や各事業者等の暴力団排除条項において、排除の対象となる「暴力団員等」に、暴力団員でなくなった時から五年を経過しない者を含めるのが主流となっており、就業率が極めて低い現状を政府は把握しているか。「暴力団員による不当な行為の防止等に関する法律の一部を改正する法律案」は、排除の対象となる「暴力団員等」の範囲を拡大させる可能性があるが、政府の見解を明らかにされたい。

右質問する。

参議院議員又市征治君提出暴力団員による不当な行為の防止等の対策の在り方に関する再質問に対する答弁書

一について

先の答弁書（平成二十四年五月二十九日内閣参質一八〇第一一六号。以下「前回答弁書」という。）一についてで述べたとおり、条例については、各地方公共団体の判断により制定されるものであるので、国において御指摘のような「基準」を定めるべきものとは考えていない。

二について

お尋ねの「人格権という一身専属的権利を授権することについて、理論的問題はないという趣旨か」及び「民事訴訟手続の原則に反するのではないか」との点については、指定暴力団等（第百八十回国会に提出している暴力団員による不当な行為の防止等に関する法律の一部を改正する法律案（以下「改正法案」という。）による改正後の暴力団員による不当な行為の防止等に関する法律（平成三年法律第七十七号。以下「法」という。）第二条第五号に規定する「指定暴力団等」をいう。以下同じ。）の事務所（法第三十条の二第二号に規定する「事務所」をいう。以下同じ。）の使用により生活の平穏又は業務の遂行の平穏が違法に害されていることを理由として当該事務所の使用等の差止めを請求しようとする付近住民等（法第三十二条の三第二項第六号に規定する「付近住民等」をいう。以下同じ。）が、暴力団員（法第二条第六号に規定する「暴力団員」をいう。以下同じ。）による報復等への懸念からこれをちゅうちょすることがあるという問題に対処するため、法律により、当該付近住民等が、自らの意思で、その請求に関する権限を適格都道府県センター（法第三十二条の四第一項に規定する「適格都道府県センター」をいう。以下同じ。）に委託することができることとする制度（以下「本制度」という。）を設けることは可能であると考えている。

また、前回答弁書四については、御指摘の「授権者の存在を明らかにしないまま訴訟を進行することが可能」であるということを述べたものではない。
さらに、前回答弁書四についてで述べたとおり、改正法案の国会提出に当たっては、御指摘の諸点も念頭に置きつつ検討を行い、指定暴力団等の事務所の使用により生活の平穏又は業務の遂行の平穏が違法に害されている付近住民等による当該事務所の使用等の差止めの請求が裁判所において認容されているという現在の実務を踏まえ、暴力団員による報復等への懸念から当該請求をちゅうちょすることがあるという問題に対処するためには、本制度が最も適当であると判断したものである。
なお、御指摘の「適格団体の業務の適正の確保」については、法第三十二条の五第三項において適格都道府県センターに係る同条第一項の国家公安委員会の認定の要件として規定されている。

三について
御指摘の「企業による「暴力団対策」としての警察ＯＢの雇用等が著しく増加している実態」については、承知していない。

四について
御指摘の「暴力団員が銀行等の口座を開設する行為」等で暴力団員が詐欺罪で検挙されている事例があることは承知しているが、このことと、法第三十二条の二において事業者（法第十四条第一項に規定する「事業者」をいう。以下同じ。）はその事業活動を通じて暴力団員に不当な利益を得させることがないよう努めることとしていることとは、直接の関係はない。
なお、前回答弁書五から七までについてで述べたとおり、何が「暴力団員に不当な利益を得させる」行為なのかについては、その責務を有する各事業者において、社会通念に従って適切に判断されるべきものと考えている。

五について

前回答弁書八についてで述べたとおり、法第三十三条第一項の規定による質問は、他の一般的な行政目的による質問の権限と同様に、犯罪捜査のために認められたものではなく、法の規定に基づく命令その他法の施行に必要があると認めるときに、法の施行に必要な限度において実施されるものである。

六について

御指摘の「「暴力団員による不当な行為の防止等に関する法律の一部を改正する法律案」は、排除の対象となる「暴力団員等」の範囲を拡大させる可能性がある」の意味が必ずしも明らかではないが、御指摘の「各自治体や各事業者等の暴力団排除条項において、排除の対象となる「暴力団員等」に、暴力団員でなくなった時から五年を経過しない者を含めるのが主流となっており、就業率が極めて低い現状」については、承知していない。

暴力団対策法の一部改正に関する会長声明

日本弁護士連合会会長　宇都宮健児

二〇一二年（平成二四年）一月五日、「暴力団対策に関する有識者会議報告書」が公表され、政府は、この報告書に沿った内容で第一八〇回通常国会に「暴力団による不当な行為の防止に関する法律の一部を改正する法律案」（以下「改正案」という。）を提出予定とのことである。

当連合会は、暴力団及び暴力団員による一般市民、事業者を巻き込んだ対立抗争が激化していることや暴力団が組織実態を隠蔽して潜在化し、周辺者等を利用して資金獲得活動等を拡大していることを深く憂慮し、一般市民や事業者の生命、身体、生活の平穏を守るために立法的な措置が必要であると認識している。

他方、当連合会は、従来からかかる暴力団規制立法については、①暴力団及び暴力団員のみに対する規制であって、その他の団体、市民に規制が及ぶおそれがないこと、②基本的人権を違法・不当に侵害するおそれのないこと、③効果が見込まれ、期待される立法であること、④市民の支持を受けるものであって、市民自らが暴力団追放に立ち上がることを推進する効果を持つものであること、が必要であるとの意見を述べてきたものであり、今回の改正案についてもこれらの観点から吟味されなければならない。

上記①②の観点からは、改正案の企図する、それ自体ただちに違法とはいえない行為類型の規制については、その要件を明確にするとともに、暴力的要求行為性がより明確、具体的に認定されて初めて適用されるよう、適正手続きに配慮した条文とすることが必要である。

さらに③④の観点から、改正案において提案されている適格団体（都道府県の暴力追放運動推進センターを想定）による暴力団事務所使用差し止め請求制度の導入については慎重な検討が必要である。

この点、改正案においては、適格団体が暴力団事務所の周辺住民の人格権を任意的訴訟担当の手法により委任をうけて行使して事務所の使用差し止めを請求することを認めることとしている。しかしながら、人格権という一身専属的権利を任意的訴訟担当という制度により授権しうるかという疑問があるうえ、訴訟物が授権住民の人格権である以上、訴訟中に相手方当事者である暴力団に誰がかかる授権をしたかを明らかにせざるを得ず、周辺住民が自ら当事者となることの恐怖感を払拭することができないおそれがある。このように必ずしも十分な効果が見込めないにもかかわらず、民事訴訟法上も例外的であり、場合によっては弁護士法の弁護士代理の原則の潜脱ともなりかねない任意的訴訟担当という制度を導入することについては慎重であるべきである。

当連合会としては、暴力団事務所の周辺住民が抗争等により生命・身体・生活の平穏等が害されることを防止するために暴力団事務所の実効的な使用差し止め制度を構築する必要性は認めるところであるが、適格団体に固有の権利として使用差し止め請求権を認める法制度との比較検討、消費者団体訴訟制度等の他の法制度との権衡、制度を導入した場合に暴力団事務所の使用差し止め以外の場合への類推の可能性、適格団体の業務の適正（管理監督体制、報酬等）の確保の方策等、なお十分な議論がなされていない点がある。

以上のとおりであるから、当連合会としては、今回の改正案の立法目的である、一般市民、事業者を暴力団抗争の被害から実効的に防衛するために必要な規制の導入には賛成するが、上記のとおり、なお慎重な検討を要する点があることを指摘するものである。

なお、今後も引き続き効果的な暴力団対策について多角的に検討されるべきである。

二〇一二年（平成二四年）二月一五日

日本弁護士連合会
会長　宇都宮　健児

参議院内閣委員会参考人招致（二〇一二年六月十九日、二十日）における質疑詳報

六月十九日と二十日にわたって参議院内閣委員会で開催された参考人招致では、北橋健治（北九州市長）、疋田淳（弁護士）、小林節（慶應義塾大学法学部教授）、栗生俊一（警察庁組織犯罪対策部長兼生活安全局付兼刑事局付・警視監）、松原仁（国家公安委員長）、谷博之（法務副大臣）、山崎史郎（厚労省社会・援護局長）が出席、法案の主旨説明に続いて内閣委員会委員の質問に答えた。

北橋市長は、「特定抗争指定暴力団や特定危険指定暴力団という新たな規制により事務所使用制限も進み、代理訴訟も行えるのは、北九州市だけでなく福岡県全体にとってありがたいこと」と述べ、疋田弁護士は、日弁連民暴委員会の運営に関わった経験から、事務所使用差し止めの重要性を指摘、「実用性が高い」と評価した。

また、小林教授は「基本的に暴対法改正には賛成だが、企業側の暴力団排除努力義務に関連して、情報を持たない企業が暴力団と知らずに取引をした際に風評被害を受けることなどの問題がある」とした。

一方で小林教授は以前に暴排条例について「構成員とその家族の生存権と幸福追求権と結社の自由と思想・良心の自由に対する過剰な規制ではあるまいか、という観点から、この機会に広く公論に決しておくべきではないか」（二十三年十一月二十九日付「大阪日日新聞」）と寄稿しており、前言に反することから今後も議論を呼びそうだ。

委員からの質問の概要は次の通りである。

【二〇一二年六月十九日】

○はたともこ委員（民主党・新緑風会）

生活保護の問題と暴力団との関係について、暴力団関係者の不正受給の実態、貧困ビジネス、憲法との関係について聞きたい。また、違法ドラッグ、脱法ハーブの販売等について暴力団の関係者の関与の実態はどうなっているか。暴力団の取締まりとして「参加罪」の導入をどう思うか。

北橋市長「手元に資料はないが、時折り暴力団関係者による不正受給が明らかになっている。受給できな

い方の孤独死の問題もあり、不正受給を認めない厳しさを持ちながら丁寧な対応をしたい。不正受給の実態が確認できれば排除していく。覚醒剤やシンナーは暴力団が活動資金にしているが、違法ドラッグ・ハーブについては県警と連携していくしかない。貧困ビジネスとのかかわりについては、捜査当局が把握していると思うが、行政としても対応していく」

疋田弁護士「生活保護領域から暴力団関係者を排除することは厚労省が通達を出しており、各自治体も窓口業務を通じて警察に照会するなど防止策を取っているが、申請件数が多く適正に排除するに到っていない。難しい問題だが自治体と警察が取り組んでいかなければいけない。貧困ビジネスと違法ドラッグ・ハーブの売買等の実態はわからないが、当然ながら暴力団の関与は疑われる」

○松村龍二委員
(自由民主党・たちあがれ日本・無所属の会)

自分が大阪府警に勤務していた昭和三十年代の暴力団抗争は、いわゆるドスや散弾銃が使われたが、現在は手榴弾が増え、警察官にも凶器を向けるという驚くべき事態になっている。ここまできたら、欧米のマフィアのように日本の暴力団を非合法化すべきではないか。また欧米では日本にない捜査手法を導入しているが、日本も必要ではないか。

この法律が検討の段階に上がってから、学者とか言論人とかそういう方から、あるいは暴力団員から「この法律は憲法違反であると」いうふうな言論がなかなか喧(かまびす)しいが、どう思うか。

北橋市長「今回の暴対法改正は有益だが、地元自治体の気持ちとしては、さらに対応をしっかりとすべきと考える。新たな捜査手法の開発や税の徴収の徹底というものが必要ではないか。また、自治体は全ての業務について暴力団排除規定を設けているが、各省庁や国も規定すべき」

疋田弁護士「暴力団員であるがゆえに身分による差別、憲法十四条違反という意見を聞くが、『暴力団員』は身分ではない。暴力団員というのは、自らの意思で暴力団に加入して犯罪を続けており、人権保障されることはあり得ない。広島地裁は公営住宅からの暴力団員排除について『暴力団員であることをもって公営住宅から排除するのは不合理な差別ではない』と判じており、暴対法等に関しましては憲法違反の問題は一切発生しない」

小林教授「現時点では、暴力団の非合法化に賛成せざるを得ないと思う。今の暴力団は任俠団体ではなくて、高度に訓練された犯罪集団であり、憲法上保護しないのは可能だ」

○浜田昌良委員（公明党）

法改正は必要だと思うが、これに反対あるいは慎重というご意見の方もおられ、先日も院内集会が開かれた。その時に日弁連の刑事法制委員会の事務局長の山下幸夫さんが出席され、特定抗争指定暴力団または特定危険指定暴力団の指定の際に抗争を繰り返す「おそれ」がある場合などを条件にしていることについて「恣意的な運用がなされる危険がある」とし、「行き過ぎた団体規制が可能になり、憲法で定めた基本的人権の結社の自由を侵害し、将来的には反社会的勢力と当局に見られる政治団体などにも適用されるおそれがある」と指摘している。私はそういうことはないと思うが、参考人はどう思われるか。

また、小林先生の指摘される「善意の第三者の風評被害」の救済措置には、どのようなものがあるか。

もう一点、いわゆる事務所使用差止め訴訟の代理訴訟は一歩前進と思うが、今年の四月には福岡地裁久留米支部で行なわれた暴力団組事務所立ち退き訴訟では、原告側の証言の際に被告側との間に遮蔽措置を設けなかったことが問題になった。「被告側の報復が怖い」という主張を裁判所が聞き入れなかったことは、どう思われるか。

疋田弁護士「結社の自由については、一部の方から拡大解釈への不安が指摘されているが、暴対法は『指定要件』という厳格な指定要件制度の下でまず『暴力団』を指定し、その暴力団の中からさらに『特定危険指定暴力団』、『特定抗争指定暴力団』を指定するので、例えばＮＰＯや労働組合に広がるおそれはまったくない。また、久留米支部の裁判官が別室でのビデオリンク方式による原告住民の取調べを拒否したという点に関しては大変遺憾に思う。法廷で隣に暴力団組長が座っている状況の中で、果たして一般市民の方がどういう精神状態の中で証言できるかと考えたときに、遮蔽措置は必要。裁判所は取り組むべき」

小林教授「善意の第三者が巻き込まれた場合の手続のイメージとしては、公安委員会が『善意の第三者』と認定するような制度はできるのではないか。

ビデオリンク方式採用については、裁判官によって適用にばらつきがあるなら法律で決めればよい」

北橋市長「暴力団立ち退き訴訟については、私も脅迫状受け取った。一般市民が拳銃発砲事件のような凶悪犯罪で裁判所に出るときに一体どんな思いになるだろうかと。ビデオリンクについての裁判所の対応は残念でならない」

○江口克彦委員（みんなの党）

今回の改正で暴力団対策の法整備が大幅に進むと思うが、暴力団対策をより万全にするにはどのようなことが必要なのか。また、暴走族OBや外国人の犯罪組織など暴力団以外の「反社会的勢力」に対しどのような対策を講じていくべきか。

この改正法案について団体規制に踏み込んでいるとか、警察権限の肥大化を招く危険性が極めて強いとかとの意見をどう思うか。法案には、不当要求による被害防止のために必要な措置を講じるよう企業に求める規定があるので、企業も情報を得るためには警察OBを入れないと対応できないのではないか。このことは結果として警察OBの天下り先を押し付けるということになるのではないか。

北橋市長「平成二十三年で発砲事件は十八件、手榴弾事件は六件、二十四年は発砲事件は三件、手榴弾事件は一件で、ほとんどが未解決の状態である。県民、市民は「一日も早く容疑者を検挙してほしい」と考えている。そういう意味からも、今回の暴対法改正は有力な大きな前進であるが、やはり新たな捜査手法が求められる。これは憲法上の問題もあり、難しい論点はあるが、犯人検挙のための捜査手法の検討は避けられないと思う。現実問題として国会議員の皆さんにも捜査の現場を注目いただきたい。また、税の徴収の徹底や青少年の教育も重要と考える。これまでは『暴力団犯罪はいけない』という教育には取り組んでこなかった。暴排条例施行以降は、中高生の教育の場で体験談などを踏まえて暴力団に加入しないように教えている。現場も手ごたえを感じているというので、努力したい」

疋田弁護士「団体規制の問題については、法文をよく読んでいただいたら分かるが、すべて『行為規制』という観点で取り組んでいる。暴力団の非合法化については、やはり慎重な判断が必要であり、一足飛びに団体規制、非合法化ということは私自身は考えていない。議論もたくさんあり、実際に非合法化した場合、それがどういう形で今後実効性のある形で対応できるかという問題がある。また、一部の方から批判されている警察の天下り利権の増加ではないかという点は、暴対法における事業者に対する責務規定というのは、先ほど申したように、あくまでも『努力義務規定』である。事業者も社会の一員である以上、この暴力団を排除するということに関しては市民と同じ位置にあり、努力義務とすることには問題ない。また、委員のご指摘のように『情報を取るために警察ＯＢを入れなくてはならない』という点については、警察は積極的に企業、市民に対して暴力団情報を発出する取組をしている。いわゆるＯＢを入れないから情報が取れないということはない。ＯＢを入れなければ情報が取れないというような制度設計にはなっておらず、この点の批判も当たらないのではないか」

小林教授「今回の法律は非常に細かいので読むのに苦労したが、団体規制ではないと思う。理論の問題としては、日本国憲法の下では反憲法的団体は存在は許されない。つまり反憲法的団体を結社の自由で保護する理由はない。これはドイツやアメリカの確立された判例であり、事実認定の問題。その組織が『反国家的団体』であるという認定ができる限り可能だ。警察権力の拡大、警察利権の肥大化という議論もよく聞くが、警察権力の肥大化は必要だから起きているのであり、その肥大化を招いた人にそんな批判はされたくない。

また、天下りについては、警察ＯＢも死ぬまでは生きているのだから、人材として活用される場があればそれはそれでいいと考える」

○糸数慶子委員（無所属）

まず自治体の暴力団排除条例で禁止されている暴力団への利益供与について、どこまでが利益供与に当たるか戸惑う企業が多いというふうに聞いている。

企業の戸惑いに限らず、条例の課題と問題点についてどのように考えるか。

また、都道府県センターによる暴力団事務所使用差止め請求の制度についてどう考えるか。国家公安委員会による指定を受けた都道府県暴力団追放運動推進センターが周辺住民に代わって暴力団事務所の使用差止めを請求できることとする制度の新設について、今年の二月に日弁連会長が「人格権という一身専属的権利を任意的訴訟担当という制度により援護し得るかという疑問がある」として、制度の導入について慎重を要するという声明を出している。

もう一つ、暴力団から離脱した人への対応についてどう考えるか。暴力団を解体するためには、暴力団への規制強化だけでなく、暴力団から離脱した人又は離脱する意志を有する人へのケアも必要ではないかと考える。暴対法では、第二十八条に離脱の意志を有する者に対する援護等についての規定が定められているが、離脱希望者への施策の現状や問題点、それを国に求めること等についての考えはおありかどうか、お伺いしたい。

北橋市長「利益供与の問題については、自治体は、例えば市営住宅に入っている方には暴力団組員をやめるか、あるいは出ていただくかということを一人一人お願いしている。しかし、(入居の実態に関して)リストを直接持っているわけではない。情報というのは、この実態を承知されている県警察当局と連携を取ることによって、私たちが条例で定めた暴力団排除ということをしっかりと行うという手順になっている。そういった意味では、『暴力団にお金を出さない、暴力団を利用しない、暴力団を恐れない』という『三ない主義』で市を挙げて暴追運動を展開している。具体的な密接交際の事実がわかれば公共事業の指名停止という処分を行なうなど、福岡県警察と連携を密にし、条例に沿って適切に事務を進めている。離脱された元組員に対するケアをどうするかというのは、非常に重要な問題提起だと受け止めている。市営住宅に入っていらっしゃる方一人一人に組を抜けていただくよう話をしているが、なかなかうまくいかないことも多々ある。これは、県知事を始め行政関係者でよく話をしているが、暴力団をやめた後に職を得て生活をしていけるようなケア、配慮は大事な課題だというふうに認識している。なお北九州市は、刑務所を出られた方の社会復帰を助ける法務省の公的施設を日本で初めて受け入れた地域であり、非行少年も含めて立ち直りを支えていこうという市民団体は非常に強く市民社会に根付いている。そうした団体の活動の他、やはり経営者のご理解もいただかないと就職口がみつからない。そのような非常に温かいお気持ちを持って更生を手助けする方々もいる。今日の先生の問題提起を受けて改めて経営者の方々との連携も考えながら、ケアの問題も具体化をしていきたい」

疋田弁護士「利益供与の問題については、(国会で審議されている)暴対法の問題ではなくて、(各自治体で施行されている)暴排条例上の事業者に対する利益供与禁止という問題で、現在は各都道府県で施行されている。その中で、告発案件、公表案件が多々出てきている。何が利益供与で何が利益供与ではないのか。例えば、小さな店舗にたまたま来たお客さんに対して、

『あなた暴力団員ですか』というふうなことを本当に聞けるのかという問題はない。条例等をよく読めば、あくまでもできないことを事業者に対して求めているわけではないことがわかってもらえる。条例の主旨は、『暴力団員であることを知って、そしてその行う取引行為がその暴力団の威力を助長するという、そういうことがあって初めて利益供与違反となる。必ずしも事業者に対して過度なものを与えているというふうには思わない。今後は実例集やQ&A集などをまとめ、事業者に対して『こういう事例が利益供与になります』ということを積極的に発出していけば、おのずと分かっていただけるのではないか。

次に、適格団体のいわゆる任意的訴訟担当という問題に関しては、私ども日弁連で声明は出しているが、この点に関しましては、既に民事訴訟法学者において『一身専属的なものであっても、これはこのような団体訴訟に、いわゆる授権団体という形で行うことは可能である』という見解が出され、法理論的な問題点はクリアされているというふうに理解している。

離脱支援については、やはり何よりも経済状況が一番大きな背景にあるので、やはり経済状況をきちっと好転させ、そして本人の強い意思の下に、行政を含めて、地域含めて支援していくということが必要である。我々、日弁連民暴委員会もこの離脱者支援というのは非常に大事なものだと考えており、今後とも研究をして行政と一緒に対応していきたい」

小林教授「条例が全国的に完備されたとき、私は印象として『ちょっとこれはやり過ぎかな』と思ったが、排除しなくてはならない危険が現にそこにあるという実態を鑑みると、国家として強い意思を示すことに意味があったと思う。あとは現場での試行錯誤の中で徐々に修正していけばよい。今回の法改正もそういうことの繰り返しで完成されていくものだと思うので、流れとしては私は賛成している。訴訟代理の問題については、そもそも刑事事件は被害者でなく検察官が起訴しているのだから、公益の代理人がいていいと考える。

暴力団との戦いとは、『地域社会の安全』という、個人を超えた公益を守るための戦いであり、そのために個人が民訴の形で矢面に立って弾ぶち込まれたりするのは理不尽。既存の民事訴訟法という枠ではなく、民事訴訟と行政訴訟と刑事訴訟の中間地帯が生まれたと思えば理解できる。刑事訴訟は、被害者に代わって勾留権代表の検察官が訴えてくれるから被害者や関係者は安全なのであり、そういう時代の中で変化した訴訟形態とご認識なされればいい。国会がそう決めてしまえば、それでいい。これ自体も憲法違反でも何でもない。それから、暴力団離脱者のケアの問題は、私個人が暴力団員とのお付き合いはまずないし、行政経験もないので、私は答える能力を持っておらず、下手なことを言って失礼になってもいけないので、返答を辞退させていただきたい」

【二〇一二年六月二十日】

○松村龍二委員　現在、暴力団は市民生活に対する大変な脅威となっており、市民の安全を守るために、暴力団の対策をしっかりとやっていくことが必要。昨日の当委員会で北橋北九州市長から、北九州市あるいは九州において、いかに暴力団が跋扈していること、犯人検挙に至っていないことをお聞きした。そのためには警察に新たな捜査手段、力を与える必要があることは繰り返している。

　私が大阪府警に勤務していた昭和三十年代における大阪の暴力団抗争はひどいものだったが、北九州の現状は五十年前の話と変わっていないか、ひどくなっている。この四月には警察官ＯＢが拳銃で撃たれたが、このような事件は過去には見られず、手榴弾が使われることもなかった。

　そこで、過去の事件と比較して、現在の暴力団の状況をしっかりつかみたいという意味で、暴力団とはそもそもどのような沿革によって現れてきた団体なのか、お伺いしたい。暴力団という団体について、一般の方々は明確なイメージを持ちにくいのではないか。

　栗生俊一（警察庁組織犯罪対策部長兼生活安全局付兼刑事局付・警視監）「終戦直後の昭和二十年代ごろ、戦前から存在していました博徒やテキ屋といった集団に加え、ぐれん隊という新たな集団も戦後の混乱に乗じまして現れた。それぞれが闇市の支配や覚醒剤の密売、各種の興行への介入などを行うとともに、これらの利権をめぐって対立抗争を繰り返していたものと承知している。

　昭和三十年代ごろになると、博徒やテキ屋、ぐれん隊が互いに対立抗争や離合集散を繰り返す中で、資金獲得を図るため組織の威力を利用して暴力的な犯罪行為を敢行するようになり、それらを「暴力団」と呼称するようになった。こうした中で、山口組や稲川会などの一部の暴力団がその組織的暴力を背景に広く各地に進出を図り、大規模な対立抗争を繰り返しつつ、他の暴力団を吸収しながら次第に広域に、あるいはほぼ全国的にその勢力を拡大していったものと承知している」
○松村龍二　福岡のみならず、最近でもタレントが暴力団関係者との交際を理由として芸能界から引退したり、六本木で関東連合という暴走族ＯＢから成るぐれん隊グループのメンバーと山口組系暴力団幹部との抗争事件が発生したりしている。また、我が国の伝統ある相撲界において、暴力団員による大相撲の観戦問題や賭博の介入などの大変なスキャンダルがあった。非常に巧妙な犯罪であり、国内では大変な暴力団の被害があるのではないか。暴対法が制定された平成三年当時との比較を含め、最近の暴力団の趨勢はどうなっているか。

栗生部長「二十三年末の暴力団構成員は約三万二千七百人で、準構成員（暴力団構成員以外の者で暴力団の威力を背景に違法な行為を行うおそれのある者などを指す）が約三万七千六百人で、合計で約七万三百人となっている。

これに対して平成三年末の暴力団構成員は約六万三千八百人、準構成員は約二万七千二百人、合計約九万一千人で、暴力団構成員は約三万一千百人の減少、準構成員は約一万四百人の増加、暴力団勢力全体では約二万七百人の減少となっている」
○松村委員　準構成員が増えているというふうに聞いているが、増加の背景と要因を聞きたい。

栗生部長「平成三年当時に比べて準構成員が増加している背景や要因は、様々なものが考えられるが、暴力団員に対する規制強化や社会における暴力団排除機運の高まりなどから、構成員としての資金獲得活動が困難になってきており、暴力団と一定の関係を保ちつつも、正式な組員としてではなく活動する者が増加していることが主なものであると分析している」
○松村委員　暴力団に新たに加入する者、暴力団員の言わば「供給源」はどのようになっているか。

栗生部長「暴力団が新しい組員を加入させる手段、方法は、例えば組員が暴走族の後ろ盾となってそのメンバーを勧誘したり、地元の後輩等を勧誘するものが多く見られるほか、刑務所などで知り合った者に対し、例えば『出所したら面倒を見てやる』『事務所に遊びに来い』などと声を掛けるのも多く見られる。

また、暴力団構成員の年齢構成を分析すると、近年は二十歳代の割合が減少しているとはいえ、依然として若い世代が暴力団に新たに加入している」
○松村委員　警察では暴力団員が暴力団に加入する原

因、動機についてどのように分析しているのか。

栗生部長「暴力団に加入する原因、動機については個々の暴力団員によって様々であり、一概にはなかなか申し上げにくいが、過去に実施した暴力団員の被疑者に対する調査や、日々暴力団員と捜査などで対峙している捜査員の実感を聞いてみますと、派手な生活ができること、自分を認めてくれること、暴力による支配への魅力、当面の生活の維持のためなどといった動機があるものと見ている。
○松村委員　暴力団が使用している凶器の傾向はどうなっているのか。
栗生部長「対立抗争や資金獲得を図ろうとする暴力団の意向に沿わない事業者に対する報復などを目的とした暴力行為が多発している。拳銃のほか手榴弾などの殺傷能力の高い武器が用いられるようになった傾向が認められる。例えば昨年は対立抗争や事業者襲撃において拳銃発砲事件が二十件、手榴弾使用事件が四件発生しており、いずれも一昨年に比べて増加している」
○松村委員　このように、暴力団がその武器として手榴弾を使うようになった背景についてどのように考えているのか。また、このような手榴弾は日本国内で生産しているとも思えないが、どこで製造されたものか。
栗生部長「手榴弾を使うようになった背景としては、対立抗争や資金獲得を図ろうとする暴力団の意向に沿わない事業者に対する報復などを目的とした暴力行為がエスカレートして手榴弾投擲事件に発展しているものと見ている。特に、平成十九年までは手榴弾は主に暴力団相互の対立抗争において使用されていたが、最近では先ほど申し上げた事業者の方や一般人を狙った事件においても使用されているという特徴がある。例えば福岡県においては昨年三月にガス会社社長宅、電力会社社長宅に対して、また本年二月には建設会社事務所に対して、それぞれ手榴弾が投擲される事件が発生している。

また、手榴弾の製造元については、過去に警察が検挙した事件で押収した例では、旧ソ連製を含めたロシア製、また米国製といった事例を把握している」
○松村委員　最近の暴力団の資金源の傾向はどのようになっているか。
栗生部長「まず、暴力団は、元来、主として覚醒剤の密売、恐喝、賭博などの資金獲得活動をしていたが、我が国の経済成長に伴い、いわゆる民事介入暴力や企業対象暴力などを敢行するようになり、そして、いわゆるバブル経済期には不動産取引への介入、大量の株取引、リゾート開発への介入などにより資金獲得を図るようになった。また、バブル経済崩壊後は不良債権処理への不当な介入が頻発した。さらに、近年では伝統的な資金獲得活動に加え、その組織実態を隠蔽しながら建設業や金融業等の各種事業活動に進出して暴力団を利用する者などを通じて違法な資金獲得活動を行っているものと分析している。また、特に最近では詐欺や窃盗などによって検挙される暴力団員などが増加しており、資金獲得活動が多様化していると分析している」

○松村委員　今回の改正案の背景となった福岡県の暴力団情勢として九州の道仁会と九州誠道会の対立抗争の経緯と現状を聞きたい。

栗生部長「二つの暴力団の対立抗争の経緯については、まず平成十八年に福岡県久留米市に本拠を置く道仁会で組長の継承をめぐる争いが起こり、それを契機として、一部の組員が福岡県大牟田市に本拠を置く九州誠道会に分裂した。その後は、翌十九年八月には福岡県内で道仁会会長が射殺されるなど、両組織の対立が激化、このような中で十九年十一月には佐賀県内の病院に入院中の一般人が九州誠道会の関係者と誤って射殺される事件が発生もした。その後、一時的に抗争が顕在化しなくなったが、二十三年に入って再び抗争が再燃した。本年五月末までに福岡県、佐賀県、長崎県、熊本県の四県で計四十二件の抗争事件が発生、死者数は一般市民一名を含む十二名、負傷者も十三名に上っておる。警察としては、関係県が連携、協力して捜査の徹底を図ることはもとより、市民への危害を防止するため、両団体の本部事務所等に対する使用禁止命令を発出するとともに、警戒活動を強化している」

松村委員　九州において、事業者に対する危険な暴力行為の現状はどうなっているか。

栗生部長「まず二十三年中には暴力団などによると見られる事業者襲撃などの事件は全国で二十九件発生、本年に入ってからも五月末現在で四件発生している。これら三十三件のうち二十七件・八二％が九州で発生している。これらの犯行には銃器や手榴弾などが用いられており、事業者はもとより地域社会に対する大きな脅威になっている」

○松村委員　九州において事業者に対する襲撃事件が多い理由は何か。

栗生部長「一言で申し上げるのは誠に難しいが、福岡県内には全国で最も多い五つの指定暴力団が存在している。これらの暴力団が、その勢力を維持したり拡大したりするために各種の利権をめぐってしのぎ合っているというか、活発に活動をしている。このうち一部の暴力団の勢力範囲は北部九州にまで及んでいる実情がある。このような中で資金獲得に窮したり、更なる資金獲得を図ろうとする暴力団が、その意向に沿わない事業者に対しまして報復や見せしめを目的として襲撃事件を敢行しているものと分析ができるかと思われる」

○松村委員　市民が暴力団事務所を排除するために立ち上がっている活動をしているところに危害が加えられるということでは、警察が何のために存在するのか分からない。また、市民も、どこに助けを求めていいか分からないという、せっぱ詰まった気持ちになるのではないか。市民の保護対策についての警察の取組状況を聞きたい。

松原国家公安委員長「昨日の参考人の質疑でもそういった議論があったかと思うが、現在の全国の都道府県において暴力団排除条例が制定されるなど、社会全体による暴力団排除が一層進展する一方、暴力団との関係遮断を図る事業者に対する襲撃事件が後を絶たない。これらの関係者の方々の安全を確保することは、社会全体で暴力団排除を推進するため不可欠な基盤だ。昨年十二月に新たに保護対策実施要綱を制定し、この要綱に基づいて身辺警戒員をあらかじめ指定し、警戒態勢を強化するなど警察の総合力を発揮した保護対策に取り組んでいる。しかしながら、本年四月十九日に福岡県において長年にわたり暴力団取締りに従事してきた元警察官が銃撃されて負傷するという事案が発生しており、これは法治国家である日本に対する重大な挑戦であり、看過し難い。こうした暴力団に見られる一般市民への危害行為はいまだ後を絶たず、私自身も四月に福岡県を訪問し、その現場も元警察官銃撃現場や事業者襲撃事件の現場も併せて視察させてもらった。地域住民の方々のお話を直接お伺いする機会もあり、暴力団の脅威や住民の方々の事件に巻き込まれることなどへの不安等をまさに直接実感している。徹底した事件捜査を推進することはもちろん、事件の続発を抑止し、市民の安全確保の万全を図ることが重要であると強く認識した。勇気を持って暴力団との関係を遮断しようとする関係者が暴力団から危害を加えられることがあってはならないことであり、警察としては組織を挙げて保護対策を徹底し、その安全確保に万全を期して参る所存である」

○松村委員　公安委員長の意気込みを伺いまして安心した。一人一人の警察官がそのような気持ちで取り組んでいただきたい。しかし、事業者に対する襲撃事件の犯人がほとんど検挙されていないというのが現状であろうかと思う。先ほども北九州市長が是非犯人を捕まえてほしいということを繰り返し申し述べられているが、なぜ犯人を検挙できないのか。

松原国家公安委員長「事業者に対する襲撃事件を含め暴力団犯罪については、一般に巧妙な手口により犯行現場にほとんど証拠を残さないようにしており、組織からの報復を恐れて暴力団関係者からの供述が得られない、組織的な証拠隠滅が行われていると見られるといった犯罪組織特有の事情から、物証と人証の確保が困難であることが挙げられる。犯罪組織については現行法の範囲内で証拠収集に一定の限界があることから、国家委員会委員長主宰の研究会において捜査手法の高度化についての検討が進められてきた。私も四月に福岡県を訪問したときに住民や首長の皆さんから、警察に様々な捜査手法を高度化する武器を付与しないとなかなか難しい側面があるのではないかという御指摘も受け、捜査手法の高度化の必要性を強く認識した」

○松村委員　現在、取調べの可視化について議論が進められているところであるが、検挙された暴力団が自分の親分からこのような指示を受けたということは口が曲がっても言えない、生命に危険を感ずるために言えないということが常識的に考えられる。その一方で、取調べの可視化ということを強要するような問題、これは長い目で見れば、適正に行われれば取調べの高度化あるいは検挙の向上につながっていく面はあろうかと思うが、アメリカの映画などを見ると、通信傍受や司法取引、囮捜査などが行われている。このような新たな捜査手法の検討状況についてもう一度お話しいただきたい。

松原国家公安委員長「『捜査手法、取調べの高度化を図るための研究会』（座長・前田雅英首都大学東京教授刑事法）が約二年をかけて議論し、この二月に最終報告をまとめた。研究会においては、DNA型データベースの拡充、通信傍受の拡大、仮装身分捜査、量刑減免制度、司法取引、刑事免責、証人を保護するための制度等、様々な捜査手法についての議論がなされた。研究会で議論された捜査手法については、有効性、相当性を踏まえつつ、警察において取組みを進められるものは、その実現に向け検討を進める所存である。

他方、刑事訴訟法等の改正を要するなど警察のみの取組で実現しないものも多いことから、法務省を始めとする関係省庁と連携しつつ個々の捜査手法について検討を進める必要があると認識している。

特に通信傍受制度については、暴力団犯罪の捜査において、客観証拠による的確な立証を図ることを可能とするために極めて有効であると考える。我が国においては、通信傍受の件数が年間二十件から三十件程度であるが、アメリカは年間数千件以上にも上り、フランスやドイツは数万件、さらにはイタリアでは十数万件と、それだけ多くの通信傍受をしている欧米諸国と比べると著しく少ないという状況である。また、DNA型データベースは非常に有効な捜査手法であるが、我が国の登録件数は昨年末現在で約十九万件であり、諸外国は米国が約八百三十万件、英国が約五百六十万件と、我が国と比較して多くの件数を有していることから、その積極的な拡充に努めて参りたい。さらに仮装身分捜査についても、組織性、密行性の高い犯罪における真相解明に資するなど、捜査における必要性・有効性が高いと考えられていることから、関係省庁とも連携してその実現に向け検討を進めて参りたい。なお、通信傍受制度の拡充等の捜査手法の高度化については、法制審議会、新時代の刑事司法制度特別部会においても検討されている。警察として、これらの新たな捜査の在り方についてしっかりと議論を行って参りたいと考える」

○松村委員　法務省では、法制審議会において取調べの可視化の在り方と併せて新たな捜査手法についても検討が進められていると承知している。次に法制審議会での通信傍受や司法取引のような新たな捜査手法の検討状況について、法務副大臣にお聞きしたい。

谷副大臣「ただいまの松原国家公安委員長のご指摘のとおり、法制審議会では新時代の刑事司法制度特別部会においてこれまで十回検討がなされており、特に第八回の会議で論点整理が行われ、現在これに基づいて議論がされている。ご指摘の司法取引を含む取調べ以外の方法による供述証拠の収集の在り方、あるいは通信傍受を含む客観的証拠の収集の在り方も論点として整理されており、前者については先の五月に開催された同部会で議論がされ、後者については今月、六月の同特別部会において議論がされることとなっている。具体的な検討事項については、諮問の趣旨を踏まえて法制審議会において議論いただくことになる。今後は、時代に即した新たな刑事司法制度を構築するためにどのようなものが必要なのか、幅広い観点から十分な調査、議論を尽くしていただき、できる限り極力早期にその結論が得られるようになることを期待している」

○松村委員　非常に的を射た検討項目と思うが、昨今は大臣等が短期間に交代するなどもあり、なかなか実現しないことを心配している。一つでも二つでも具体的に前進し、第一線の警察の武器となり、また暴力団に対して打撃になるといったことの実現を希望している。暴力団捜査に係る捜査員の体制の整備についてはどういうふうに取り組んでおられるか。

松原国家公安委員長「暴力団壊滅のために暴力団犯罪の検挙等を強力に推進し、組織の弱体化を図ることは極めて重要であると認識している。警察庁では、これまでも暴力団犯罪等の組織犯罪に的確に対処するため組織犯罪対策部を設置し、組織犯罪情報の集約、分析等の推進をしているほか、都道府県警察においても、実情に応じ、暴力団対策に専従する部や局を設置するなどし、暴力団対策を推進するための必要な体制を整備している。また、都道府県警察における暴力団対策に専従する捜査員の合計は平成二十三年に約三千三百七十人であり、三年前の平成二十年と比し約三百五十人増加するなど暴力団対策を強力に推進するための体制の整備が図られていると承知している。今後とも、暴力団対策に従事する捜査員等に対する訓練や捜査用資機材の整備等も含め、所要の捜査体制の整備に努めて参りたいと考えている」

○松村委員　次に、欧米の主要国の犯罪組織の現状はどのようになっているか。

松村国家公安委員長「米国では、ニューヨークやシカゴ等の大都市を中心にイタリア系移民の犯罪組織を起源とするマフィアが存在し、殺人、恐喝、薬物の取引、賭博、売春といった多種多様の非合法活動に関与しているものと承知している。英国における組織犯罪としては、薬物や銃器の取引、人の密輸、詐欺、マネーロンダリング、児童ポルノなどが挙げられ、その中には英国以外の国の出身者がかかわっているものも多く見られると承知している。ドイツにおいては、比較的小規模であるものの犯罪者の組織化が進んでおり、それらの一部が緩やかなネットワークを形成しつつ、組織犯罪を敢行しているものと承知している。また、これらの犯罪組織の大半はドイツ以外の国の犯罪組織と密接な関係を有しており、国境を越えた活動を強化しているものと承知している。フランスには、都市郊外に北アフリカの出身者などにより構成されたギャングが存在し、誘拐、強盗、窃盗、恐喝など多くに関与しているものと承知している。ギャングは、マフィアなどと違い一時的なグループであることが多く、最近はパリ市内にも勢力を伸ばしているものと承知している。イタリアではシチリア島を中心に活動する犯罪組織が古くから存在し、一般にマフィアと呼ばれているものと承知しているが、マフィアは薬物や武器の取引、恐喝などを活動の中心としているものと見られている」

○松村委員　日本の暴力団は、これらの諸外国におきます犯罪組織と比較してどのような点に違いがあるのか。

松原国家公安委員長「米国やイタリアのマフィアと比べて、日本の暴力団はその構成員が関与している犯罪の種類という点ではマフィアと共通点があるものの、例えばイタリアのマフィアが極めて秘密性の高い組織であるのに対し、暴力団は、暴力団事務所を構え、その代紋を掲げるなど、自らが暴力団であることを一般社会に誇示しながらその活動を行っている点が一つの特徴となっていると認識している。もっとも、近年は暴力団に対する法規制や取締りの強化、暴力団排除活動の進展などを反映し、暴力団関係企業や暴力団と共生する者を利用して資金獲得活動を行うなど、我が国の暴力団も潜在化の傾向が見られ始めている」

○松村委員　日本の暴力団の構成員数と外国の犯罪組織の構成員数についてお聞きしたい。

松原国家公安委員長「先ほどお答えしたとおり、二十三年末の暴力団構成員は約三万二千七百人、準構成員が約三万七千六百人で、両者の合計である暴力団勢力は約七万三百人となっている。これに対し、外国の犯罪組織の構成員数については、警察庁として公式に把握している数字はなく、平成九年の公刊物において、米国におけるイタリア系マフィアの構成員及び準構成員の数を二万二千人、イタリアにおけるマフィアの構成員数を約二万人としている例がある」

○松村委員　これまで暴力団について、その歴史的な起源、人的供給源や使用している凶器、資金源の現状を伺ってきたが、暴力団の組織としての特徴がかなり明らかになってきた。これを前提として、長年の暴力団対策にもかかわらず暴力団を根絶することができない理由について見解を改めてお聞きしたい。

松原国家公安委員長「警察では、従来から暴力団犯罪の取締りや暴力団排除活動の推進等により暴力団対策を進めてきたが、依然として暴力団を壊滅するには至っていない。しかしながら、近年、全国警察が一体となった暴力団の取締りや暴力団排除条例の運用を含む暴力団排除活動の推進により暴力団の人的基盤や資金源に対して相当程度の打撃を与えており、暴力団対策には一定の成果がうかがえる。なお二十三年末の暴力団構成員等の数は、前年に引き続き暴力団対策法施行後の最少人数を更新し、暴力団対策法が制定された平成三年当時の数字と比較しても約二万七百人の減少となっている。今後とも、暴力団の弱体化、壊滅に向けて、暴力団対策を強力に推進したい。捜査手法の高度化等のきちっとした捜査における武器が生まれれば、こういったことにおいても更に有利にそれは機能するだろうと考えている」

○松村委員　諸外国においては暴力団を非合法化するという例も見られるが、我が国においてはこれら諸外国のように暴力団を非合法化することができないのはなぜか。

松原国家公安委員長「各国の組織犯罪対策法では三つの類型があり、イギリスの制度では、組織に対する規制といった概念を使用せず共謀罪で対処しており、ドイツ、フランスの事例の場合は犯罪を目的としている組織一般への参加を処罰の対象とするものであり、また、これに類似するものとして、イタリアの制度では、マフィア型結社への参加をいわゆる参加罪ということで処罰の対象とするものがある。米国の場合は、殺人、誘拐、賭博等の行為の反復を通じて個人又は集団の活動に参加するなどの行為を加重処罰するということがなされ、暴力団の非合法化も将来的な課題であるとは認識しているが、団体の存在を直接規制することについては憲法との関連で慎重な検討が必要であること、現在の暴力団のように大規模な団体を強制的に解散させるような制度の実効性をどう担保するか十分検討する必要があることなどの問題がある。また、団体に対して解散を命じたり、団体への加入を処罰するためには、その団体が犯罪の実行を目的としていることなどを要件とする必要があると考えられるが、我が国ではそのような目的を立証するために必要な証拠を収集するための手段、例えば通信傍受といった捜査手法が必ずしも十分ではないというような問題もある。いずれにしても、我が国における暴力団の実態に応じてより効果的な対策を講じていくことが重要であり、今回は現在の状況に照らして特に必要性の高い規制の拡充をお願いしたい」

○糸数委員　特定抗争指定暴力団等又は特定危険指定暴力団等の指定要件について、条文上、例えば第十五条の二第一項には、更に人の生命又は身体に重大な危害が加えられるおそれがあるときというふうに規定されており、基準が明確でない。マニュアルを作成するなど、都道府県ごとに指定基準に違いが出ないようにするべきだというふうに考える。

　松原国家公安委員長「今回の改正では、指定暴力団等による対立抗争や事業者への危害行為によって人の生命、身体に重大な危害が及ぶおそれがある場合において、そのような危害の発生を防止するための、当該指定暴力団等を特定抗争指定暴力団等あるいは特定危険指定暴力団等と指定するとともに、特に警戒を要する区域を定めた上で、特定抗争指定暴力団等の組員による当該区域内の一定の行為を制限している。一般に行政法令においては、国民の生命、身体の安全を保護するという目的を達成するため、国民の生命、身体に重大な危害が加えられる前の段階でそのようなおそれのある行為を制限することでその発生を防止するという仕組みが取られるところであり、改正法においても、暴力団員の危険な行為により国民の生命、身体に危害が及ぶことを防止するという行政目的を達成するために必要な制度の規制を導入することとしたものである。なお対立抗争や事業者への危害行為が発生するおそれについては、既に発生した事案の内容のほか、当事者である暴力団の動向や活動状況等に関する資料を基に、事前の意見聴取を経た上で認定することとしている。これらの制度の施行に当たっては、都道府県警察においてその規定の趣旨に従った適正な運用がなされるよう、警察庁において必要な資料等を作成し、周知するよう指導して参りたい」

○糸数委員「特定抗争指定暴力団等」又は「特定危険指定暴力団等」に指定することは単なる指定暴力団にする以上に様々な制限が設けられるが、指定暴力団に指定しようとするときには審査専門委員から意見を聴取することとなっているのに特定抗争指定暴力団等を指定しようとするときにはその規定がないことについて。指定暴力団以上の制限を設けるのだから、少なくとも指定暴力団の指定と同様の手続を経るようにすべきだと考える。法案の目的に賛同するが、手続の面で問題があるのではないか。

　松原国家公安委員長「現行の指定暴力団等の指定について、法第六条に基づき国家公安委員会の確認及び審査専門委員の意見聴取の手続を経ることとされているのは、指定暴力団等の指定については暴力団以外の団体が指定されないようにするため、専門家である審査専門委員の意見を聴くこととしたこと、指定暴力団等の指定は、その効力が全国に及ぶことから、その全国的な斉一性を確保する必要があることによるも。これに対し今回の改正における特定抗争指定暴力団等又は特定危険指定暴力団等の指定については、指定の対象となる団体は既に国家公安委員会の確認及び審査専門委員の意見聴取を経て指定された指定暴力団であること、規制の効力が及ぶ範囲は同一都道府県内に設定される警戒区域内に限られることから、法第六条を準用しないこととした。

なお特定抗争指定暴力団等及び特定危険指定暴力団等の指定に当たっては、指定の対象となる指定暴力団等の代表者から事前に意見を聴取する手続を設けているほか、これらの指定を行政不服申立て及び取消し訴訟によって事後的に争うことも可能であり、これらの指定を受けることとなる指定暴力団等の手続保障にも十分配慮した手続となっている」

○糸数委員　特定抗争指定暴力団等又は特定危険指定暴力団等の指定暴力団員が警戒区域内において禁じられる行為には「付きまとい」、「うろつき」、「多数で集合」などがあるが、これらをどのように判断するのか。当人たちに全く悪いことをしようという意思がないにもかかわらず、単に警戒区域にいただけで罰せられるおそれはないのか。また、第十五条の三第一項第三号の「暴力行為を誘発するおそれ」があるものとして政令で定められる行為として想定しているものは何か。判断のぶれや恣意的な運用を避ける必要があると考えているが、どうか。

松原国家公安委員長「改正法における対立相手の特定抗争指定暴力団の構成員に付きまとうこととは、対立相手の指定暴力団の構成員にしつこく追随することを言い、尾行することなどがこれに当たる。居宅等の付近をうろつくこととは、対立相手の指定暴力団員と顔を合わせることとなるようなその居宅等の周辺区域にとどまることを指す。また、改正案における多数で集合とは、おおむね五人以上の者が時間、場所を同じくすることをいう。定義は刑罰法規として十分に明確なものであると考えている。もとより、適用が恣意的なものとならないよう的確な運用に努めて参りたいと考える。

また、これらの適用に当たっては、行為者が特定抗争指定暴力団の構成員であること、相手方が対立相手の組員であると認識して付きまとっていたこと等の要件の充足について適切に捜査を行うことになる。これらの規定の適用に当たっては、都道府県警察においてその規定の趣旨に従った適正な運用がなされるようにするため、警察庁において必要な資料等を作成し周知するよう指導していく。なお、政令で定める行為については、対立抗争を誘発するおそれのある行為を実態を踏まえ、具体的に定めることを検討している」
○糸数委員　警察ＯＢの企業への天下りについて、暴排条例が各都道府県で指定されている過程で、警察ＯＢの企業への天下りが急増しているとの指摘がある。例えば『週刊東洋経済』は本年の一月二十八日号で「暴力団対策と企業」という特集を組んでおり、上場企業が取締役や監査役に警察ＯＢを迎え入れていることを指摘している。政府は天下り禁止の号令を掛けていますが、このような実態を掌握されているのか。少なくとも実態を調査すべきだと考える。
松原国家公安委員長「国家公務員法上、府省庁による再就職のあっせん等が禁止されており、警察庁においては、関係法令及び政府方針を遵守しているものと承知している。なお、国家公務員の再就職状況については、管理職職員の離職後二年以内の再就職に関し届出、公表の制度が設けられており、警察庁としては、その範囲において職員の再就職状況を把握しているものと承知している。平成二十三年中の警察庁職員に係る届出件数は三十二件。一方、地方公務員法においてこれらの規定は盛り込まれておらず、必要な法整備について検討はなされているものと承知している。地方公務員である都道府県警察職員の退職後の再就職の状況について、警察庁としては把握していない。
○糸数委員　福祉事務所への警察官ＯＢ等の配属について、厚労省に伺いたい。厚生労働省は今年の三月一日の社会・援護局担当者会議で、不正受給対策に関する予算事業を活用し、自治体の福祉事務所に警察官ＯＢ等の配属を積極的に検討するよう求めた。既に国の補助金を使って警察官ＯＢを雇用している自治体は、二〇〇〇年度の厚生労働省の調査では七十四自治体百十六人、自治体の独自予算での雇用もあり、実際はこれより多いというふうに考えている。福祉の現場に必要なのは畑違いの警察官ＯＢではなく、福祉の専門職員の増員だと現場からは強い批判が上がっている。こうした警察官ＯＢの採用は中止すべきではないか。
山崎史郎厚労省社会・援護局長「福祉事務所に警察官ＯＢを配置することは、ケースワーカーに暴力を振るうなどの暴力への対応、不正受給に対する告訴等の手続の円滑化、申請者のうち暴力団と疑われる者の早期発見などの観点から行われている。一方、生活保護制度は最後のセーフティーネットであり、支援が必要な人は確実に保護を実施するという基本的な考え方に基づき制度を運営しているが、他方、こうした不正受給や暴力への対応という点からの取組も必要となっている点を御理解いただきたい。いずれにしても、生活保護制度については、支援が必要な人は確実に保護を実施するという基本的な考え方に沿った制度の運営に努めて参りたいと考える」

○糸数委員　生活保護問題対策全国会議と全国公的扶助研究会が、連名で三月に厚生労働省、厚生労働大臣あてに福祉事務所への警察官の天下り配置の撤廃を求める要望書を提出し、請願署名も届いている。内容は、まず生活保護受給者の増加は、誰が悪いのか。困窮者が悪いのか。国が悪いのか。二点目に困窮者は社会保障の対象なのか、治安の対象なのか。福祉事務所は福祉の場なのか、治安の場なのか。三点目に、困窮者が萎縮し、更に衰弱死や孤独死が増えてしまう。四点目に、不正とは何か。不正は元警察官だけが分かるのか、福祉職員には分からないというのか。五点目に、警察官は天下りも良いのか。元警察官の大量配置は費用対効果が良いのか。ワーカーは増やさないのかということで、これは多くの市民の皆様からの、厚生労働大臣あてに、福祉事務所への警察官天下り配置の撤廃を求める要望書というふうに出されている。警察官ＯＢの配置は福祉行政の変質につながりかねないと、現場からの強い声を重く受け止めていただきたい。

次に、昨年の十月に施行された沖縄県暴力団排除条例は、県や県民、事業者が社会と一体となって沖縄県から暴力団を排除するため、青少年の健全な育成を図るための措置、さらに暴力団員等に利益の供与をすることの禁止等、あるいは不動産の譲渡等に関する措置の三本柱を各種規定を設けて、県民の安全、そして安心で平穏な生活の確保を図ることを目的とする内容になっている。条例により沖縄県における暴力団排除の体制面は大きく前進したと思うが、暴力団排除の条例に関する沖縄県の企業の意識は十分とは言えない。例えば、帝国データバンク沖縄支社の条例施行直後の昨年の十月の十九日から三十一日に行われた調査では、「条例を知っている」と回答した企業は七四％で、全国と比較すると四・三ポイント低く、全国四十七都道府県では九番目に低い状況になってる。また、暴排条例対策として「何をすればよいか分からない」と回答した企業が四〇％もあった。これらのことから暴力団排除の意識が高いとは言えず、より一層の啓発活動が必要になるが、本法案は事業者に対して不当要求による被害を防止するために必要な措置を講ずるように努めるほか、その事業活動を通じて暴力団員に不当な利益を得させることがないよう努めなければならないとの責務規定を設けている。また、現行規定において、国及び地方公共団体は、事業者等が行う暴力排除活動の促進を図るための措置を講じなければならないと思うが、本法案が成立した暁には事業者による暴力排除活動を促進するためどのような措置を講じるか。

松原国家公安委員長「警察庁及び全国の都道府県警察においては、関係機関と連携しつつ不動産、建設、銀行、証券等の各種業界団体との連絡協議会を設置して、これらの業界における暴力団排除のための取組を支援している。また、現行の暴対法第三十二条第一項において、国及び地方公共団体は、事業者等が自発的に行う暴力排除活動の促進を図るため、情報の提供、助言、指導その他必要な措置を講ずるものとしているところであり、この規定の趣旨に沿って事業者による暴力団排除活動が一層推進されるよう、御指摘の広報、啓発も含め、警察庁を督励して参りたいと考えている」

〇糸数委員　不当な利益の判断基準や具体的なその類型を政省令で明示するようにしないと、警察の恣意的な運用を許すことになりはしないかという心配があるが、政府はこれを政省令で明示するのか。

松原国家公安委員長「暴対法第三十二条の二には、事業者にその事業活動を通じて暴力団員に不当な利益を得させることがないよう努める等の責務があることを規定するものであり、不当な利益を得させるとは、正当な理由のない利益を得させていること、すなわち、相手方が暴力団員であることを理由として、通常の一般人を相手方とする場合には行わないような金品等の贈与を行うことをいう。具体的に何が暴力団員に不当な利益を得させる行為なのかについては、各事業者において社会通念に従って適切に判断されるべきものと考える。このように、暴対法第三十二条の二の規定は、あくまでも事業者の方々に自主的に取り組んでいただく努力義務を定めたものであり、警察がこれを具体的に適用するという性格のものではないことから、判断基準や類型を政省令等で明示することにはなじまないというふうに考える。

「暴力団排除条例」の廃止を求め、「暴対法改定」に反対する表現者の共同声明

二〇一一年・平成二三年一〇月一日に東京都と沖縄県が暴力団排除条例（「暴排条例」）を施行した。その結果、全都道府県で暴排条例が施行されることになった。こうした事態にいたるまで、わたしたち表現者が反対の意思表明ができなかったことを深く反省する。

わたしたち表現者も、安全な社会を否定するものでは決してない。しかし、その「安全な社会」の実現を謳いながら、「暴排条例」は、権力者が国民のあいだに線引きをおこない、特定の人びとを社会から排除しようとするものである。これは、すべての人びとがもつ法の下で平等に生きていく権利を著しく脅かすものである。

暴対法は、ヤクザにしかなれない人間たちが社会にいることをまったく知ろうとしない警察庁のキャリア官僚たちにより作られた。さらに危険なことは、暴力団排除を徹底するために、表現の自由が脅かされることだろう。

条例施行以後、警察による恣意的な運用により、ヤクザをテーマにした書籍、映画などを閉め出す動きをはじめ、各地各方面で表現の自由が犯される事態が生まれている。こうしたなかで、金融、建設、港湾、出版、映画などさまざまな業界で、「反社会的勢力の排除」「暴力団排除」をかかげた自主規制の動きが浸透しつつある。萎縮がさらなる萎縮を呼び起こす危険が現実のものになっている。

いまからでも遅くない。暴排条例は廃止されるべきである。

こうした流れのなかで、新年早々から、一部の勢力が暴対法のさらなる改悪を進めようとしていることに、わたしたちは注意を向けなければならない。

かねて福岡県知事らは、法務省に対して暴対法の改定を求めて要請を続け、これを受けて警察庁は暴対法に関する有識者会議を開催して準備を始めている。

そこでは、現行法のさまざまな要件の緩和、規制範囲の拡大が検討されている。昨年暮れには、福岡県知事らが暴力団に対する通信傍受の規制緩和やおとり捜査・司法取引の積極的導入を法務大臣に直接要請したことが報じられた。

暴対法がこうした方向で改悪されるならば、表現の自由、報道の自由、通信の自由、結社の自由などの国民の基本的権利はさらなる危機に立つことになるだろう。

ヤクザの存在は、その国の文明度を示すメルクマールでもある。たとえば北朝鮮にはヤクザはいないと言われている。戦前の社会主義者の規制が全国民への弾圧に拡大したように、暴対法は「暴力団」の規制から国民すべてを規制する法律として運用されることになるだろう。これは、わたしたちに「治安維持法」の再来を含めた自由抑圧国家の成立を想起させる。

わたしたちはこうした動きに強く警戒し、強く反対する。わたしたち表現者は、自由な表現ができてこそ表現者として存在できるのであり、表現者の存在理由を否定し、「自由の死」を意味する暴排条例の廃止を求め、暴対法の更なる改悪に反対する。

二〇一二年・平成二四年一月二四日

【賛同者】（アイウエオ順）二〇一二年二月一四日現在

青木理（ジャーナリスト）／猪野健治（ジャーナリスト）／植草一秀（経済評論家）／魚住昭（ジャーナリスト）

大谷昭宏（ジャーナリスト）／岡留安則（元『噂の眞相』編集長・発行人）／小沢遼子（評論家）

角岡伸彦（ジャーナリスト）／萱野稔人（哲学者）／喜納昌吉（ミュージシャン）／栗本慎一郎（有明教育芸術短期大学学長、評論家）／斎藤貴男（ジャーナリスト）／齋藤三雄（ジャーナリスト）／佐高信（週刊金曜日編集委員）／佐藤優（作家）／設楽清嗣（東京管理職ユニオン執行委員長）／鈴木邦男（一水会顧問）

須田慎一郎（ジャーナリスト）／高野孟（評論家）／高橋伴明（映画監督）／田原総一朗（ジャーナリスト）

辻井喬（詩人、作家）／西部邁（評論家）／日名子暁（ルポライター）／平野悠（ライブハウスロフトオーナー）

三上治（評論家）／みなみあめん坊（部落解放同盟）／南丘喜八郎（『月刊日本』主幹）

宮崎学（作家）／宮台真司（社会学者・首都大学東京教授）／山平重樹（ジャーナリスト）／若松孝二（映画監督）

弁護士たちも反対の意思表明

二〇一二年五月一一日、「暴力団排除条例」の廃止を求め、暴力団対策法の改悪に反対する意思を、以下一五二名の弁護士が表明しました。反対の意思を表明した弁護士は以下のとおりです（アイウエオ順）。

【賛同者】

青山友和／赤松範夫／秋田光治／浅井正／足立修一／阿部潔／阿部浩基／荒木和男／荒木貢／淡谷まり子／井口克彦／池谷昇／石田法子／石松竹雄／位田浩／市川守弘／伊藤明子／岩井信／岩月浩二／上田國廣／上原康夫／内田雅敏／浦　功／江島寛／江野尻正明／遠藤達也／及川智志／大川一夫／大口昭彦／大崎康博／大搗幸男／岡田基志／岡村正淳／奥村回／長部研太郎／小田幸児／織田信夫／角山正／笠井治／加藤克朗／加藤晋介／加藤高志／加藤孝規／加納雄二／亀田悦廣／川口和子／河田創／河村武信／河村正史／寒竹里江／菊田幸一／岸上英二／北潟谷仁／喜田村洋一／北本修二／木村修一郎／木村壮／休場明／久保豊年／黒田和夫／桑原育朗／古賀康紀／小島秀樹／小関眞／児玉晃一／後藤貞人／小林將啓／齋藤護／齋藤拓生／坂入高雄／坂野智憲／坂和優／佐藤典子／里見和夫／澤田恒／志賀剛／幣原廣／篠崎淳／柴田信夫／下村幸雄／下村忠利／菅充行／菅野昭夫／鈴木一郎／空野佳弘／高江俊名／髙木健一／高橋敬幸／高藤敏秋／髙見秀一／田中清治／田村公一／陳　愛／塚本誠一／辻田博子／恒川雅光／鶴見俊男／出口治男／寺崎昭義／遠山大輔／栃木義宏／富崎正人／内藤隆／中川瑞代／永嶋里枝／永嶋靖久／中谷雄二／中野新／中道武美／永見寿実／七尾良治／南郷誠治／二宮純子／丹羽雅雄／布谷武治郎／信岡登紫子／羽柴修／長谷川純／濱崎憲史／林千春／日隅一雄／弘中惇一郎／藤田充宏／藤田正隆／藤原精吾／舟木友比古／本田兆司／前田恒善／前田裕司／松井武／松原祥文／三上陸／水永誠二／三溝直喜／美和勇夫／武藤糾明／門間久美子／八重樫和裕／安田修／安田好弘／山崎吉男／山下俊之／山田有宏／山之内幸夫／山本志都／山脇哲子／横井貞夫／吉田孝夫／吉田恒俊／若松英成／渡辺千古／渡邊博

シリーズ　おかしいぞ！　暴力団対策③
排除社会の現場と暴対法の行方

2012 年 8 月 3 日　　初版第 1 刷発行

編著者　宮崎学
発行者　高井隆
発行所　株式会社同時代社
〒 101-0065　東京都千代田区西神田 2-7-6
電話 03(3261)3149　FAX 03(3261)3237
取材・写真　齋藤三雄・長野圭
協力　ぱいぷん社
組版　有限会社閏月社
印刷　モリモト印刷株式会社

ISBN978-4-88683-728-8